中国海洋大学建校100周年
OCEAN UNIVERSITY OF CHINA
100th ANNIVERSARY

向 海 而 兴

中国海大校园图录

（1924—2024）

主　编

刘邦华

参编人员

左　伟　吴　涛　王小峰　王红梅　袁　艺

中国海洋大学出版社

·青岛·

图书在版编目（CIP）数据

向海而兴：中国海大校园图录：（1924—2024）/ 刘邦华主编. — 青岛：中国海洋大学出版社，2024. 7.
ISBN 978-7-5670-3952-0

Ⅰ . G649.285.23-64

中国国家版本馆CIP数据核字第2024Q7H887号

书　　名	向海而兴：中国海大校园图录（1924—2024）
	XIANGHAIERXING : ZHONGGUO HAIDA XIAOYUAN TULU（1924—2024）
出版发行	中国海洋大学出版社
社　　址	青岛市香港东路23号　　邮政编码　266071
出 版 人	刘文菁
网　　址	http://pub.ouc.edu.cn
订购电话	0532-82032573（传真）
责任编辑	张　华
照　　排	青岛光合时代传媒有限公司
印　　制	青岛海蓝印刷有限责任公司
版　　次	2024年7月第1版
印　　次	2024年7月第1次印刷
成品尺寸	185 mm×260 mm
印　　张	20.75
印　　数	1～2500
字　　数	174千
定　　价	198.00元

如发现印装质量问题，请致电13335059885，由印刷厂负责调换。

从
小鱼山

到
大珠山

（代序）

　　2024 年 4 月 9 日，我因工作由西海岸校区前往鱼山校区。走在路上，突然发现已经记不起上次去鱼山校区是什么时候。一路上记忆中闪现的都是老校区的古楼、曲径与高树、轩窗，同时内心有少许期待：故友相逢，许久不见，不知是否还是以前模样？

　　到达时间尚早，信步来到胜利楼和六二楼旁边的樱花树下小坐。樱花开得正好，满树芳菲，从花影斑驳的石阶拾级而下，往前看是信号山半坡上的青岛总督府，回头望是胜利楼红色的尖顶和六二楼的石墙与木窗。往来赏花的人不少，除了本校的师生和市民游客，还有一批批的小学生、中学生结队而来，在樱花树下听老师讲关于这座城市、这所大学，以及城市与大学之间的故事。周围很安静，孩子们听得认真，花影在他们的身上、脸上摇动，目光所及之处，樱花与古楼相互掩映，是一个世纪的重逢，是跨越百年的问候。

　　一年前的 4 月 9 日，作为第 58、59 届中国高等教育博览会的分论坛之一，第三届中国城市与高校发展大会在重庆举办，会议主题是"发展共生·创新共赢"。中国高等教育学会副会长管培俊在会上谈到，"大学因城市而兴，城市因大学而盛"，并指出青岛、重庆等城市作为高博会首批伙伴城市，是大学与城市共生共兴共荣、相互成就的典型。历史上，大学与城市共同作为人类文明发展的两大标志性成果，自诞生起便结下深厚的历史渊源，并在共同的发展与进化中，逐步形成了共生共存、共兴共荣的关系。青岛于 1891 年建置，1924 年青岛第一所中国人自办的大学——私立青岛大学成立，大学与城市由此开始了前后 100 年相伴相生、共同发展的历程。私立青岛大学后来历经国立青岛大学、国立山东大学、山东大学、山东海洋学院、青岛海洋大学几个历史时期的发展，于 2002 年更名为中国海洋大学，校区也由最初的鱼山一个校区，扩展到后来的鱼山、浮山、崂山和西海岸四个校区。从小鱼山到大珠山，是一所大学的世纪嬗变，也是一座城市百年发展历程的缩影。

　　校园是大学发展的物理空间和物质载体，校园建在哪里、建成什么样，除了受时代发展、经济条件以及地域文化的影响外，更与大学的发展历史、办学理念与规划、办学目标与思路紧密相关。中国海大校园的根在八关山下，两个合院式建筑群构成校园主体。20 世纪 80 年代，随着中国高等教育的快速发展，鱼山校园空间不能满足学校发展的需求，浮山校区应运而生。21 世纪，伴随着中国高等教育大发展的浪潮以及学校办学规模的逐步扩大，建设崂山校区成了必然选择。从鱼山到浮山，再到崂山，三个校区与山相伴，望海而不靠海，也成为海大人心中的一个遗憾。当然，对于中国海大这样一所具有鲜明学科特色的大学而言，其历史使命与责任决定了建设一座靠海的校园，根本的驱动力并不在于景观和情怀，而是作为一所百年大学，站在新的历史起点上，对于"我是谁？我从哪里来？我要到哪里去"这个终极命题深入思考后给出的答卷。

　　一代人有一代人的责任和担当。从鱼山校区到浮山、崂山校区，再到西海岸校区，每一个新校园的建设都是时代背景下学校发展的必然选择，也承载着这所大学谋海济国的初心与使命。从大学与城市的关系来说，大学依托城市而发展，也融入和引领着城市的发展。从浮山、崂山到西海岸，学校新校区的建设，与青岛的城市发展同频，与新城区建设共进。从另一个角度而言，城市化进程的快速推进为大学的发展提供了空间，打开了格局，而大学新校区的建设启用，也为新城区的快速发展注入活力，城市与大学相互成就，谱写出城校携手、共享共赢的精彩篇章。因此，置身于青岛这样一座充满活力和发展潜力的海洋城市，中国海洋大学作为一所立校百年的高等学府，站在新的历史起点上，依然朝气蓬勃，未来可期。

走在夕阳西下的校园，小鱼山上正沐浴着落日的余晖，校园广播中传来《海大颂》的悠扬旋律："我是一滴水，投入你怀中……"与中国海大结缘的近30年里，不知道多少次像这样在校园中走过：在八关山望海亭看汇泉湾白浪如练，帆影点点；在香港东路观浮烟九点，云蒸霞蔚；在五子顶望崂山层层叠翠，山如画屏；在学习综合体前赏灵山烟雨，凭海临风……我们每日晨昏、一年四季在校园中走过，如同这所大学从历史中走来：目光坚定，步履从容，旦复旦兮，一往无前！

过往皆序章，世纪再启航！

谨以此书献给中国海洋大学建校100周年！

编　者

2024 年 5 月 6 日

鱼山校区

斯文在兹 / 002

鱼山春秋 / 042

浮山校区

学脉延展 / 110

浮山昏晓 / 129

崂山校区

于斯为盛 / 154

崂山岁月 / 176

西海岸校区

跨越发展 / 242

珠山四时 / 264

目录 Contents

1

鱼山校区

鱼山校区位于青岛市市南区西部，大学路、鱼山路、红岛路环绕，占地总面积480余亩。校园内有山名为八关山，山上有观海亭，可俯瞰汇泉湾和青岛湾，是凭海临风之佳处。校园建筑以19世纪末20世纪初德国、日本侵占青岛时所建建筑为主，20世纪30年代、80年代以及21世纪初所建建筑点缀其间，外观主要特点为石基木窗、黄墙红瓦，与绿树青山掩映，古朴庄重、风格别致。校园地处青岛市风貌保护区内，是青岛人文荟萃之地。百年的积累与沉淀，使这座面积不大的校园底蕴深厚、文华斑斓，成为百年大学的根基所在，更是一代代海大人的精神家园。鱼山校区主要布局生命科学与技术学科群，现为水产学院、海洋生命学院、医药学院和艺术系等教学单位驻地。

■ 斯文在兹

　　1922 年，中国政府收回青岛主权，设立胶澳商埠督办公署。1924 年，胶澳商埠督办高恩洪发起创办私立青岛大学，以德占青岛时期所建俾斯麦兵营为校址。

　　私立青岛大学校址位于由大学路、青中路(今红岛路)和定安路(今鱼山校区大学路二校门至红岛路五校门的校内道路)围合成的三角形区域。1929 年，国立青岛大学成立，接收私立青岛大学、省立山东大学校舍校产，并将定安山(今八关山)划入校园。1932 年 9 月，学校更名为国立山东大学后，先后建成科学馆、工学馆、体育馆、化学馆等，校园主体建筑布局由原来的 C 形发展为围合式结构。1946 年，国立山东大学接收鱼山路 5 号为校舍，校园面积进一步扩大。1958 年 10 月，山东大学大部迁往济南。1959 年 3 月，以山东大学留青部分为基础，山东海洋学院成立。1988 年 1 月，山东海洋学院更名为青岛海洋大学，2002 年更名为中国海洋大学。20 世纪 80 年代起，学校先后建成图书馆、教学楼等重要建筑和一批附属建筑。20 世纪末至 21 世纪初，随着浮山校区、崂山校区和西海岸校区先后启用以及基础实验教学中心、敏行馆、生命科技中心大楼建成并投入使用，鱼山校区的办学空间、办学条件和校园环境都有了极大改善。

20世纪初青岛手绘地图

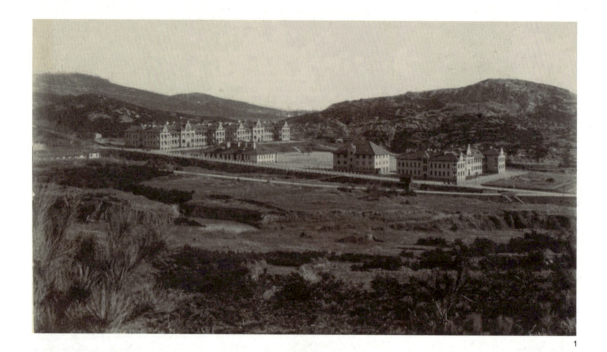

1　德占青岛时期所建俾斯麦兵营

2　1924年，胶澳商埠督办高恩洪着手创办大学并组成校董会，筹备办校事宜。图为校董会会议

3　私立青岛大学校址平面图

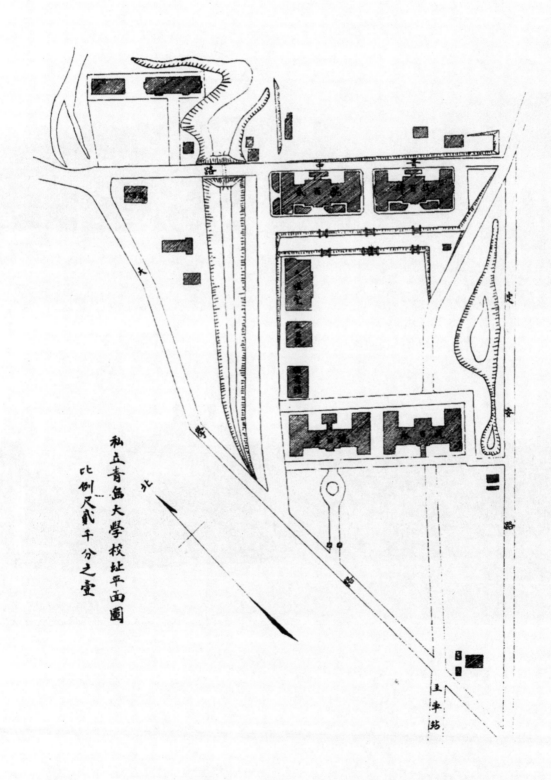

私立青島大學校址平面圖

比例尺貳千分之壹

私立青岛大学校舍全景

1

2

3

4

1　私立青岛大学校门，位置在今大学路，图中建筑为学校办公楼，今海洋馆

2　私立青岛大学办公楼，今海洋馆。建于 1906 年，建筑风格为新哥特式。20 世纪 50 年代为山东大学文学院办公楼，称"文学馆"，1985 年起改称"海洋馆"

3　私立青岛大学学生宿舍，今水产馆。建于 1903 年，分南、北两栋。20 世纪 50 年代，南楼称"人民馆"，北楼称"大众馆"。后水产系迁入，1985 年改称"水产馆"

4　私立青岛大学学生宿舍，建于 1909 年，三层，私立青岛大学时期为女子宿舍，国立青岛大学时期改为图书馆，一直延续到山东海洋学院时期。青岛海洋大学时期改为学校档案馆，更名为"铭史楼"，现为水产学院办公用房

5　私立青岛大学礼堂，20 世纪 80 年代拆除

6　私立青岛大学图书室（后为教员宿舍），建于 1905 年。1930—1932 年，闻一多先生在国立青岛大学任教期间在此居住。1950 年学校将该楼命名为"一多楼"，以志纪念。1984 年，闻一多雕像在楼前落成

5

6

1

2

3

1　1929 年 6 月，国立山东大学筹备委员会改为国立青岛大学筹备委员会，接收私立青岛大学和省立山
　　东大学校产，在私立青岛大学校址筹备成立国立青岛大学。图为国立青岛大学校门

2　国立青岛大学成立后，校园南侧定安山（今八关山）划入校园范围。图为学生在定安山上测绘

3　1932 年 9 月，学校更名为国立山东大学

1

1 国立山东大学初期校园平面示意图

2 科学馆，1933 年建成，建筑面积 3200 余平方米，是学校历史上第一座以教学、科研为目的新建的
   教学楼。建筑风格为新哥特式，以雉碟墙、扶壁拱和尖拱圈为特点并兼顾实用性。该楼有三层，有大
   小实验室 12 间。第一层是物理系；第二层是生物系；第三层是化学系，化学馆建成后化学系迁出。
   科学馆当时被称为"石头楼"，学校历史上，曾呈奎、林绍文、童第周、张玺、曾省、方宗熙等曾在
   此开展教学和科研工作

3 体育馆，1935 年建成，主体建筑两层。1948 年被驻青美军烧毁

2

3

1

2

1　工学馆，1935 年建成，主体建筑有两层，长期作为工学院办公与教学楼使用，21 世纪初拆除

2　1935 年时的校园风貌

3　化学馆，1937 年 7 月建成，建筑面积 5400 余平方米

4　1937 年时的校园风貌

1937年7月，全民族抗日战争爆发。10月国立山东大学停课，旋即南迁，1938年2月停办。1946年，国立山东大学在原址复校，因原校舍大部（今大学路二校门到五校门道路北侧校舍）被驻青美军所占，遂将日本第一次侵占青岛期间所建日本中学（鱼山路5号）收为校舍，以应复校所需。1949年2月驻青美军撤离，原校舍收回，校园、校舍面积较抗战前有明显扩增。

国立山东大学到山东大学时期，学校校园内新建设一批附属建筑，主要有创造村、五一村、学生宿舍、直教楼等。

日本第一次侵占青岛期间所建日本中学校舍

3

1 国立山东大学复校前被驻青美军所占校舍
2 1948 年的国立山东大学校园。画面左侧为学校校舍
　（1950 年命名为"六二楼"和"胜利楼"）
3 国立山东大学鱼山路校门

1

2

1 胜利楼与六二楼。左侧建筑为胜利楼，建于 1921 年。1945 年日本投降后，收为国立山东大学校舍。
  为纪念 1949 年 6 月 2 日青岛解放，1950 年命名为"胜利楼"，曾长期用作学校机关办公楼
2 六二楼，建于 1921 年，中部有塔楼，建筑面积 9166 平方米，原日本中学教学用房，后为国立山东
  大学校舍，长期作为学校办公楼和医学院教学楼。1950 年命名为"六二楼"

1

2

3

4

5

6

1　国立山东大学时期的第一校舍

2　国立山东大学时期的第三校舍

3　国立山东大学时期的第二、四校舍

4　山东大学时期樱花掩映中的六二楼

5　山东大学时期建于 20 世纪 50 年代中期的学生宿舍

6　鱼山路操场

　　1958 年秋，山东大学中文、历史学、数学、物理学、化学、生物学六系迁往济南，海洋学、水产学和正在筹建的地质学三系以及海洋生物专业及直属教研室部分人员留青岛。10 月，山东省委决定以山东大学（青岛）为基础，筹建一所面向海洋的大学。1959 年 3 月，经中共中央批准，山东海洋学院成立。

　　从 20 世纪 70 年代末开始至今，学校进行了一系列基础建设工作，一批校舍先后建成。主要包括：气象观测站（1975）、教学楼（1981）、图书馆（1985）、电教楼（1986）、文苑楼（1987）、测试中心（1988）、教工食堂（1988）、海洋药物楼（1990）、逸夫馆科技馆（1991）、留学生楼（1999）、学生食堂（2000）、基础实验教学中心（2002）、敏行馆（2005）和生命科技大楼（2024）等，另有部分学生宿舍和附属用房。鱼山校区办学条件逐步得以改善，办学功能日渐完善。

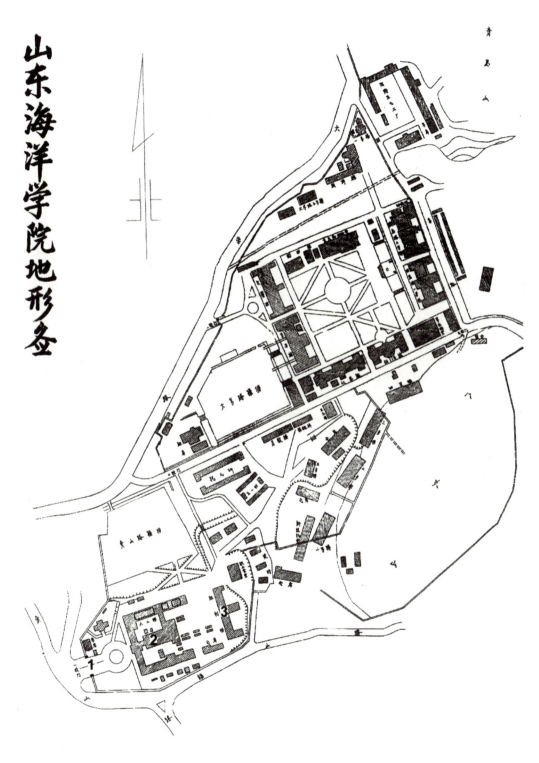

山东海洋学院早期平面示意图

1

1　山东海洋学院时期鱼山路校门

2　1959 年山东海洋学院成立后，设海洋水文气象等九个专业。为解决气象专业教学实习需要，在校园内设立气象台。1975 年在八关山新建气象观测站，1976 年建成。观测站主体三层，建筑面积 684 平方米，仪器设备与人员均按正规地方气象台配置

2

20 世纪 80 年代校园风貌组图

1

2

1　教学楼，建成于 1901 年，主体七层，建筑面积 6869 平方米，可同时容纳 3000 多
　　名学生上课。上图与左下图为教学楼建设时期的校园景观，右下图为建成后的教学楼

2　图书馆，建成于 1985 年，主体六层，建筑面积 6663 平方米，设有藏书库房和期刊、
　　报纸阅览室及自修室等。左上图为学校老图书馆，右上图为期刊阅览室

1

2

3

4

5

6

1 物理海洋实验楼（今文苑楼）。1984 年 5 月，学校获世界银行贷款 390 万美元，重点支持建设物理海洋实验室、分析测试中心、海洋调查实验室等。物理海洋实验楼于 1985 年开建，1987 年建成，主体四层，建筑面积 3039 平方米，一楼建有大型风—浪—流实验水槽

2 1988 年 1 月，学校更名为青岛海洋大学

3 20 世纪 80 年代中期校园一角

4 教工食堂，1988 年建成，建筑面积 3242 平方米

5 测试中心（今达尔文馆），1988 年建成，建筑面积 2996 平方米

6 逸夫科技馆，1991 年建成，建筑面积 3756 平方米，由我国香港实业家邵逸夫先生捐资建造

20 世纪 90 年代初期的鱼山校区

1　留学生楼，1999 年建成，有 A、B 两栋，总建筑面积 3200 平方米，后定名为金海苑、银海苑

2　学生食堂（学苑餐厅），2000 年建成，建筑面积 6259 平方米

3　20 世纪 90 年代末鱼山校园局部，图中合院式平房为学校幼儿园

4　20 世纪末的"五一村"和学校幼儿园

5　基础实验教学中心一期，2002 年建成，建筑面积 11000 平方米

4

5

1　基础实验教学中心一期与五一村（2002 年 5 月）

2　基础实验教学中心全景（2006 年 11 月），二期为敏行馆，2005 年建成，分 A、B 座，建筑面积 4661 平方米

3　学术交流中心，2004 年建成，建筑面积 15119 平方米

4　2019 年，学校拆除校园内老教学楼、锅炉房等建筑，建设生命科技中心大楼，建筑面积 48961 平方米。图为 2024 年 5 月的生命科技中心大楼

3

4

2023 年 7 月鱼山校区全貌

■ 鱼山春秋

　　北中国的景物是由大漠的风与黄河的水得到色彩与情调：荒、燥、寒、旷、灰黄，在这以尘沙为雾，以风暴为潮的北国里，青岛是颗绿珠，好似偶然的放在那黄色地图的边儿上。在这里，可以遇见真的雾，轻轻的在花林中流转，愁人的雾笛仿佛像一种特有的鹃声。在这里，北方的狂风还可以袭人，激起的却是浪花；南风一到，就要下些小雨了。在这里，春来得很迟，别处已是端阳，这里刚好成为锦绣的乐园，到处都是春花。这里的夏天根本用不着说，因为青岛与避暑永远是相连的。其实呢，秋天更好：有北方的晴爽，而不显着干燥，因为北方的天气在这里被海给软化了；同时，海上的湿气又被凉风吹散，结果是天与海一样的蓝，湿与燥都不走极端；虽然大雁还是按时候向南飞，可是此地到菊花时节依然是很暖和的。在海边的微风里，看高远深碧的天上飞着雁字，真能使人暂时忘了一切，即使欲有所思，大概也只有赞美青岛吧。冬天可实在不能令人满意，有相当的冷，也有不小的风。但是，这里的房屋不像北平的那样以纸糊窗，街道上也没有尘土，于是冷与风的厉害就减少了一些。再说呢，夏季的青岛是中外有钱有闲的人们的娱乐场所，因为他们与她们都是来享福取乐，所以不惜把壮丽的山海弄成烟酒香粉的世界。到了冬天，他们与她们都另寻出路，把山海自然之美交给我们久住青岛的人。雪天，我们可以到栈桥去望那美若白莲的远岛；风天，我们可以在夜里听着寒浪的击荡。就是不风不雪，街上的行人也不甚多，到处呈现着严肃的气象，我们也可以吐一口气，说：这是山海的真面目。

节选自老舍《青岛与山大》

春

松坡下的小径

陈鹭

　　鱼山校区的校园里有一条短短的小径，就是从二校门过来，贴着网球场和篮球场高高的围网，拐过弯向着一校门的方向斜着攀升上去的那条小径。以前，我很少从这里走，因为这里既有陡坡还有拐弯，而且在拐弯的地方还常常有一汪积水。准确地说，如果不是侧坡上厚厚的树荫遮蔽着，这里就是一带荒荒的坡底。

　　但是近来，我常常从这里走。比如要出二校门或者去财务处办事，如果不是特别着急我就不再选择走敏行馆旁边的直道和石阶，而是很自然地从这条小径上，上坡一下坡地绕行过去。

　　有时候，在这条小径上我会遇到一位白发老人。他身形瘦小，背略弯，一只手上总是提着一个深色的公文包。远远地看见他走来，我会停下脚步侧身等着，等他走近了与他打个招呼，他则报以真诚慈祥的微笑，向我挥一挥手，继续走去。那脚步不紧不慢，沉稳而自如。他是从家里走来的，或是正走在下班的路上。那份平和、那份硬朗，还有那偶尔略带倦意的神情，都给人一种莫名的力量。这位长者就是90多岁高龄的文圣常院士，中国海洋研究的奠基人。他的出现，常常令我为自身的浮躁而汗颜。那身影仿佛在告诉我，不论你的人生有多少辉煌，你都应该常常独自漫步在这样幽僻的小径上。

　　而只要是个非雨的天气，我就可以边走边看围网另一边那些打篮球或练习网球的学生。看到他们我就可以想起往日的自己。我们那时场地是土的，有些坑洼、有些杂草、有些碎石，还有些扬灰，而现在早已是水泥和塑胶的了。我们那时是穿着杂七杂八的衣服的人组成一队，而对手是光着膀子的一群。从身体的发育到人的长相气质，从身着的服装到跳跃的姿态，我们都与眼前的学生不是一个量级的了。从他们身上我看到了以前的自己，更看到了学校和社会的进步，感到生命的活力。

　　走在这条小径上，还可以抬头看看满坡的树木，有梧桐、有洋槐、

有樱花，更有成片的雪松。每年四月，坡顶的几颗硕大的樱花树次第开放，开出满树粉堆的花簇，真的是云蒸霞蔚，令人心醉。稍晚几天，风起花飞，飞落漫坡细碎的花瓣儿，布置出一片繁花点缀的奇境。这样的路你不走么？但更让我流连的，是那些成片的被人称作"风景树的皇后"的雪松。它们枝繁叶密，四季常绿。它们经年累月，早已高过数丈。那些灰褐色的树干一根根挺直峻拔，大的枝条不规则地轮生出来，平展地伸展开去，如巨人的手臂；小的树枝则微微地下垂着，连带着针形的长叶像姑娘的秀发。这些树疏疏密密、高高低低地站在那里，像一座座相互牵连着的绿色的尖塔，像一贴巨幅的森林卡通。似乎你早就熟悉它们，但每一次的端详都让人感到一种新鲜而又陌生的美。那样的一片，庄重肃穆，

高雅清新。从这片树下走过，你可以大口地呼吸，吸入松木的清香。你可以做几次舒展的扩胸运动，享受一份难得的轻松自在。

就是这条小径。它远远没有学苑环路的雅致，但它要静谧得多；它远没有樱海路花开时节的繁荣，但它更接近于自然。它的一边活跃着生动的学子，一边簇立着静静的密林，中间行走着睿智的长者。这样的路，你不来么？

近来，我常常从这里走过，走得多了，难免会在这里接到办公室同仁的电话，问我在哪儿。这时我才发觉这条小径还没有一个正式的名字，也许它太短而且太偏，实在不值得冠名。说在篮球场边吗？似乎远远不足以表达我对这小径的好感。

沉思片刻，我说：在松坡下的小径上。

四月樱花开满园

樱开四月

丰美萍

在海大，在鱼山，花木草柏丛集，让校园别致静雅如同花园。踽踽行走时，不经意抬头，便看到鲜嫩的细叶探头探脑，或紫或白的骨朵儿伫立在枝头，忽然灵台一阵空明——哦，春天到了。

春暖花开。那时候会趴在正对八关山朝阳的窗台，掰着手指眯着眼睛琢磨着养一尾鱼儿或一只小小的乌龟，或者寻一个陶瓷的花盆培土埋些奇怪的种子，等它冒出些莫名的小芽。想着想着，青岛的樱花就开了。很幸运住在鱼山，可以随便走走，去看那被誉为青岛十大美景之一的"东海胜景"的樱花。

原来开放的樱花是如此繁盛，高高的树枝用力地伸向天空，所有的枝桠都开满了粉粉白白的小花，风吹过，轻轻柔柔，仿佛有叮叮咛咛的清音从天边传来。一树樱花，簇簇拥拥，满目风情，看不尽繁华、雍容与瑰丽。

　　凑近细看，单朵的樱花并没什么特别之处，五个瓣儿，或粉或白，托着细细的蕊，纤弱得很，谈不上娇媚甚至雅致——没有牡丹的雍容、没有玫瑰的纤媚、没有迎春的热烈、没有梅花的幽香，只是那么多花朵挤在一起，用所有的平淡堆叠出一份奢靡的风景。风吹过，一树精灵轻轻盈盈，巧笑嫣然。

　　再往前走，有一处樱花一朵一朵、大片大片一直开到高高的树顶，恍惚间，仿佛立在终年积雪不化的山峰脚下，高高的峰顶仿佛触手可及，阳光照上去，泛出大片大片的白光。这是花开的力量，即使不美丽，那一树繁华的感觉仍然直击人心，让你感觉自然原来有这么美好的时候，白色是这么一种震撼人心的感觉，雪白如初，皎洁如净。

　　几日后再走那条路，樱花已经凋谢满地，繁花撒到错落的石板地上，悄然钻进匆匆的脚下。樱花七日而落，一株半月花期，365 日的美丽便在这几个日子喷薄殆尽。

　　樱花零落，散漫而自然，飘飘扬扬到恣意张狂。落英缤纷，一种奢靡的美，行在树下，如漫步云端，喜爱在右，惋惜在左，一路行走，一路播撒。

　　樱开是一种美，繁花似锦，繁华盛世；樱落亦是一种美，落英缤纷，花飞花谢。樱开樱落，如生命中的起起伏伏。放开心怀，原来所有的悲欢离合都是一样的让人心动。春天到了，请侧耳倾听，世间万物低声呢喃，告诉你生命的美丽。

原载于 2003 年 4 月 30 日《中国海洋大学报》

春染鱼山

风轻花落定

罗文文

四年的时光如同一场梦境，四季的交迭总是太匆匆，寻不到明显的分界线。而脑海中的回忆却是跳跃的，让那些美好层层叠叠。鱼山校区并不像一座校园，更像一种生活。

这里不是江南水墨画的清新淡雅，更像是一座鲜活的童话之城，春夏秋冬，四时之景各异，也为人们留下了慢慢生活的空间。纵使抖落一地的风尘，人们仍然可以伴着银色的浪花在阳光下漫步，看远处屋顶的烟囱挥洒出袅袅炊烟。

夏，宁静而热烈

青岛的夏日温柔也宁静。蝉鸣的午后、湿咸的海风、淅淅沥沥的清脆的雨、小鱼山沉静却璀璨的海上晚霞都让人留恋，纵使通往宿舍楼群的层层阶梯让人们望而却步。鱼山校区很小，潜藏于世事尘烟，总是那样宁静又随和，如同一位老人，身上藏满故事，总有耐心从容地娓娓道来。

独属于鱼山的夏日回忆是在一公里外栈桥绵密的沙滩上漫步，欣赏那一抹霞光与浪花；是上课途中吹来的清凉的微微海风，带来午后的治愈；是教学区后不知主人的植物园，至今郁郁葱葱；更是夜晚星光下那碗热腾腾的泡面，幸福而惬意。

时光在你我人生的旅途中踏下轻盈的足迹，那是催促着成长的音符，我们总要慢慢长大。当一切真正沉静下来，我们开始踟蹰不前，前面的路通往何方？此时此刻，将自己埋没于图书馆的茫茫题海抑或奔走于社会的不同岗位，你我终究不再是慵闲无一事的看客，也将真切感受夏日鱼山真正的热烈。七月盛夏，蝉鸣的午后不复往日寂静，闷热的天气昭示着暴雨的踪迹，即使坐在繁茂的夏日树荫下，也无法感受一丝清凉，仿佛海风也无法穿透层层阻碍。七月的鱼山以近乎直白的方式向人们诉说着何为夏日炎炎，我们惊讶地发现从三号宿舍楼通往图书馆的道路在这小小的校园里竟是如此漫长。假期的图书馆空旷得过分，甚至只能寻到你与朋友二人的身影，徒留纸笔沙沙作响。

刹那间，雷声轰鸣，震耳欲聋，一场大雨裹挟着屋外的翠绿洋洋洒洒，携着咸咸的海风，鱼山恢复了25摄氏度的清凉，也洗去一切浮沉，短暂的潮湿让馆外石阶上的青苔绿意更浓，与那些百年树木一样生机盎然。雨过天晴，"网红墙"依旧游人如织，梧桐树光影婆娑。

秋，转角的惊喜

残云收夏暑，新雨带秋岚。青岛的"秋老虎"总是不容小觑，它带着曾属于夏日的那份热烈迎接新生，伴随大一的我们走过漫漫军训的时光。曾几何时，我们是那样渴求一份甘霖降落在没有一丝阴凉的操场上，却终究只是事与愿违，幸好夜晚拉歌时海风带来了些许慰藉，爱情的种子此刻悄然萌发，奏响青春懵懂而青涩的音乐篇章。

鱼山真正的"秋"可谓温婉而和煦，却总是格外短暂，如同码头船只暂时靠岸歇脚，无法掀起惊涛。图书馆转角一片红叶翩翩起舞，如火般绚烂，似是一个梦幻的世界，秋风起，它们随心舞动、飘落，历经四季轮回，在鱼山的秋天里绽放最绚烂的色彩，作为秋天的信使，以近乎优雅的舞姿诉说一段美好的回忆。

漫步在校园的每一个角落，将满地金黄的梧桐树叶踩在脚下，沙沙轻响，仿佛穿越几十年的时间，从这个校园的历史中遥遥而来。两人张开双手都抱不过来的老树，此刻脉络格外清晰，阳光透过金黄的树叶的缝隙洒满整个街道，形成斑驳的光影。秋风清，秋月明，落叶聚还散，鱼山落于闹市，尽可登高感受海边灯

光闪烁，感受星星点点的璀璨夜空，却也有着远离城市喧嚣的宁静与温婉，随处都可以找到一片属于自己的角落。

秋风轻轻吹过，带来丝丝凉意，带去淡淡的清香，是丰收的喜悦，是时光的静谧，最浪漫，最温柔，安逸而满足。

冬，准时赴约

烈烈寒风起，惨惨飞云浮。夏季清凉的海风无情地鞭打着海面，激起千层白浪，闪烁着银色的光芒，摄人心魄。响晴的天气与明朗的阳光让人无法抗拒，也带来温暖的错觉，让作为新生的我们穿错了衣裳，在上课的途中忙不迭喊冷，"寒风吹破耳"可不只是一句玩笑。海大的冬天你真的需要一顶帽子来捍卫寒冬的骄傲。

然而，当一幅画卷徐徐展开，鱼山的冬日也如童话般梦幻。

鱼山校区的红墙外总有美丽的姑娘手捧鲜花在阳光下起舞，不计冷暖。沿着红墙缓缓漫步在冬日街头，街边小店的各式橱窗与霓虹彩灯交相辉映，璀璨而闪烁，这是无法复刻的冬日的气息，也描绘着鱼山浓墨重彩的一笔。暂停脚步拐个弯，黄县路左右的墙绘涂抹着宫崎骏笔下的色调，清朗而纯真，吸引着我们驻足观望，将人们拉进童话故事，与这个季节融为一体。当冰雪与海滩相融，青岛冬天的故事才真正对味儿。沿着起伏的街道继续往上走，红瓦黄墙之上，几片雪花轻轻覆盖，小鱼山上的览潮阁远离了一切喧嚣，以第三人称的角度欣赏着这座城。第一次登上小鱼山，或许你会讶异它的高度，认为这不能称之为山，但却很难不称赞它一步一景的美丽。

四年时光里，我们总是格外好奇属于夏日的雨滴究竟何时才能悄悄飘落在红墙之上，但这似乎需要更多的缘分才能不让期待落空。渐渐地，人们开始选择与来自西伯利亚的海鸥们约定好下一次的相会。当寒风骤起，海鸥们准时赴约，向世人宣告冬日的来临。它们仿若人们与苍茫的大海之间的纽带，宛如天使般展翅翱翔，优雅地成群地滑翔在海风中，盘旋向前。它们的出现为这座城增添了一份生机、一份期待，自由也豁达。

这座城市的冬天格外寒冷，海鸥们化身忠诚的信使，穿梭于海与城之间，承载着岁月的沧桑与变迁，让鱼山校区的生活平添一份独特的韵味。

春，花开正当时

严寒渐渐远去，春日的阳光洒满大地，宛若一位娇美的女子，轻点着脚步，踏遍校园每一处枝丫。春日的鱼山校区美得毋庸置疑，若说冬天是春日的序曲，那么春风、春雨则合力奏响最优美动听的乐曲，让世人知晓"聊赠一枝春"的浪漫与巧思。

春天，总是这样温暖，充满希望。一场春雨，催生着百年老树抽出新芽，焕发蓬勃生机。远处的海面波光粼粼，天海一色。举起相机记录下这一瞬的美好，让人不禁怀疑是否已然坠入一个用色彩编制的梦境。再过几日，"六二楼"旁的樱花树一夜之内悄然绽放，轻轻摇曳，淡粉色的花瓣轻轻飘落，随着春泥一起融化。这样的美好格外短暂，但这座校园从不缺少欣赏者、记录者，不拘泥于何种工具，此刻眼睛会记录下最美的瞬间，连同这校园的每一座建筑。

单樱清丽雅致，淡淡的粉白色恰似青春那一抹羞涩，花期总是格外短暂，但春日的鱼山的校园不会就此凋零，一两周后，双樱以近乎粗鲁的方式霸占着我们的视线。在教学楼前三角地等待校车的时间里，这座校园用这绚烂绽放中的浓艳的玫粉色让我探寻到比手机中的世界精彩百倍的故事，也让樱花树下的浪漫延续，在人们心中谱写下一首动人的诗歌。

鱼山校区的四季承载着你我青春的回忆，时光总是太匆匆，往事如烟，只道是落花流水两无情。但时间或许并不是流逝无踪影，她用生活记录下了所有，在这轮回之中，或许我们时常感叹辜负了时间，但总有收获。百年长河，我们只是那繁星点点，这座校园就矗立在那里，那些记忆、那些美好不会消逝。但当一切落定，愿你我保有"少年听雨歌楼上"的洒脱，不舍少年志。

花样海大

牟文烨

　　四五月的海大，又是花的海洋。在这花海绚烂、花潮涌动间，时节如花，校园如花，赏花人的面庞如花。

　　春日的海大是美丽的。走在校园中，无论是漫步于宽阔的柏油马路，还是徜徉于幽深的弯曲小径，你总会在路边密密的树林中发现惊喜，新绿渐浓间，千姿百态的花朵们次第探出头，为海大增添了无限美好的春意。

　　早春的阳光里才有一些暖意，娇丽的玉兰花便俏立枝头，在那干净利落的枝条上，片片如玉的花瓣风里抖动，如雍容的仕女，绽放着不同流俗的气质，透露出高情远致。"绰约新妆玉有辉，素娥千队雪成围"，文徵明在《咏玉兰》里这样写玉兰。《离骚》中也有"朝饮木兰之坠露兮，夕餐菊之落英"的佳句，以木兰喻示高洁的人格。玉兰花袅袅身姿中蕴藏着蕙心纨质，冰肌玉骨里透着独特风韵，为春日增添了别样风采，恰如海大校园中传道、授业、解惑的师者，以高洁、不俗和无私，为海大、为学生奉献自己的才智。

　　不同于典雅端庄的玉兰，绚烂的樱花似天真烂漫的少女，是春日的海大校园中引人驻足的美景。樱花被称为春天的象征，开得很早，青岛的海风里还裹着丝丝凉意，樱花便如云似霞，弥漫在校园。海大人不用去中山公园看樱花，课间漫步校园随时可以赏樱。樱花花色粉嫩，花朵很小，却是一团团簇拥着，争先恐后绽放春天的美丽。樱花灿烂，花期却短，自开花至花残只有七天。王安忆写樱花："有的花开相好，有的花败相好，而樱花没有败相，不等凋敝之意来临，霎那间，幕落了。"春意还未尽，樱树下便铺满凋落的花瓣，风吹来，花瓣如细雨般纷纷飘落，轰轰烈烈而生，从从容容而去，这是樱花的花语。"桃红复含宿雨，柳绿更带轻烟"，桃红柳绿向来是春天最让人沉醉的颜色，樱花盛势刚过，桃花便灿然开放，粉红鲜亮的花瓣，丝丝嫩黄的花蕊，在风中笑着、舞着。沐浴着午后暖暖的阳光，坐在花荫下的长椅上，人面桃花相映红，静静地感受这似水的美丽年华。"人面不知何处去，桃花依旧笑春风"，我们都是这园中的过客，当我们的校园岁月匆匆逝去，这校园里的花样年华，将会是我们最怀念的过往。

花开花落，日复一日。西下的阳光透过窗子，照着桌上、床上、书架上的书，书的影子慢慢拉长。将一朵落花夹于书页间，花色褪了，花香却长留。曾经的我们一脸懵懂青涩而来，去时将带着一颗饱满而感恩的心与这里道别。在这春风拂面的时节里，遥想着秋天会有怎样的丰硕之景。2014 年的金秋时节，中国海洋大学将迎来建校 90 年华诞，我有幸能抓住毕业季的尾巴，与海大共享这厚重而激昂的时刻。花样海大，花样年华，期待我们的海大迎来更美的春天。

原载于 2014 年 4 月 10 日《中国海洋大学报》

鱼山校区操场

地质馆一角

暮春

繁花满路

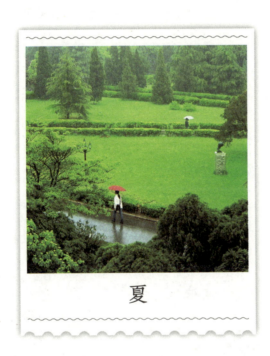

夏

鱼山雨韵

杜文辛

　　雨中，行走在人鱼广场旁的小路上，树叶上的雨水一滴滴落下，产生没有节奏却清脆的声响。树林外面，落雨声连成一片，弥漫于空气中，与身旁雨声相互交织，奏成自然清雅的复调小曲。密林灌丛几声鸟鸣，乱了我随着雨声有些飘忽的心思。

　　恍若轻梦。抬头，是密密匝匝的褐枝绿叶，遮蔽本就暗淡的天光，叶子颜色在雨里更加浓绿，叶片更显厚实。没了林外密集的雨丝，只时时有从叶子落下的水滴打到脖颈，贴皮肤滑过，一缕清凉。走出树林，徐行雨中，没有青箬笠，没有绿蓑衣，竟也越走越舒爽，周围景色都笼在雨水渲染过的大片绿色中，浸着细雨，漫过山风。远处，天色晦暗，红瓦绿树静卧，伴着厚重的乌云，渐而隐去。

此景此韵，醉人如初。只是这感觉，是从什么时候开始的。

初至岛城，自小生活在北方内陆城市的我一出车站即被潮湿的空气包围，在八月末的湿热里，赶去鱼山校区报到，一进了校园便觉清爽许多。晨雨初歇，檐角滴着积雨，树龄过百的梧桐和坚挺傲人的松柏随处可见，潮湿的石阶在雨后纹理清晰，绿意纠缠着初次离家的踟蹰，调成朦胧浅绿，在雨水洗刷后的空气中渗透、扩散，奠定我对鱼山初印象的基调。慢慢地，陌生褪去，继而发觉似曾相识。是在哪儿见过的场景？清晨的校园，少有人经过，拾级而上，宁静、清雅，到处是被雨水染开的绿，身旁的声响渐渐被忽略，进入一个人的思绪里，周遭定格的一瞬，恍觉——

这不正是那自小思忆的江南吗？

我想，每个北方人的心里都住了一个江南梦。或是小镇微雨，涟波轻荡，轻舟顺水而过，穿绣花鞋的女子，着青衣罗裳，撑一把古色雨伞，自石桥走下，回首只看到轻舟滑过水面的涟漪；或是春水连天，独卧画船，静听雨眠；抑或走过那"柳荫直，烟里丝丝弄碧"的湖堤，去看重湖叠巘清嘉，去赏三秋桂子十里荷花。江南的水村山郭，不知牵了多少文人骚客的梦，连我这北方人，都会时常做这小辑轻舟入芙蓉的美梦。

是的，这江南不过是我从纸书墨字臆想而来的罢了。

所谓江南，仍是远在千里之外的幻美之地。只是后来鱼山每每下雨，曾经无数次在梦里勾绘江南的感觉，竟然像是要重演一般。不同的是，鱼山的韵味和感觉是在真真切切的雨景中被铭记，每见一次，便对鱼山之雨的感情多一分，时至今日已是渗入骨子里一般，想是再也无法抹去。倘若江南总是同婉约柔美的女子联系在一起，那么鱼山在我看来，算是一个多情才子了，只"鱼山"这个名字就充满诗意与灵动，惹人无数遐想。更别说加上时常与风结伴而至的山雨，该是怎样的韵味盎然呀。

去图书馆，想要弄清楚"鱼山"名字的由来，却也无果。坐在顶楼，半开窗户，清凉的风吹进来，在鱼山独特的味道中翻阅一本宋朝词集。最后一首词读罢，抬头望向窗外，已然是黄昏。一阵猛烈的风袭来，我起身走到窗前，似待故人来。

原载于 2014 年 10 月 9 日《中国海洋大学报》

鱼山，灿烂千阳

王晓

难忘那一抹光辉。

为了了和海大印刷厂商讨文学社的书印刷的事情，我在鱼山校区停留了一下午的时间。说来惭愧，作为海大学子，下了 321 路公交车还要问路人海大往哪个方向走，作为文学院的学生竟不知一多楼在哪里，好奇心驱使着我去探索一个个既熟悉又陌生的名字。我很喜欢青岛老城曲曲弯弯的小巷，这也是老青岛最古朴、最有味道的地方，尤其当一个转弯，发现一幢普通的民宅竟是某某故居的时候，一股厚重的历史感扑面而来。那些斑驳的墙壁，既是岁月的印痕，也是一种记忆，抚摸着斑驳上的青苔，一种莫名的力量吸引着我去亲近它，瞻仰先辈。

进入学校，校园很安静。密密的树林后面隐约传来球场上的欢呼声。因为松树的阻隔，声音像是穿越时间和空间而来，遥远又陌生，不像树上的鸟鸣那样清亮真实。路旁破旧的自行车牵引着我的思绪，"嘀嗒－嘀嗒"，仿佛时间流转，一下退回到二十世纪三十年代，大街上满是匆匆忙忙的黄包车，和卖力吆喝的小商贩……一墙之隔的大学里却是另外一派昂扬的青春朝气。恍惚间我仿佛从过去而来，跨越岁月，回来看看旧日的学堂，一切仿佛依然是旧时模样。

在印刷厂办完事情，我径直来到图书馆。一楼是人文书库，我走进去，便走入了一个世界。书架很密集，中间的过道比浮山校区图书馆的过道窄，更不用谈和崂山校区相比了。我很喜欢这种拥挤的感觉，一转身一回首，密密的都是书，随便找一个角落，便可以与大师对话，思想便可承千载、游万仞。下午的阳光从窄窄的窗照进来，照在书架和泛黄的书脊上，形成一道明亮的光带，微尘在那光里飞舞，其他的地方则是昏暗的，明与暗的跳跃与过渡使周围的气氛有些不同寻常，也许曾有许多邂逅、许多故事在这里发生。我抚过一排排书脊来到朝南的窗，惊艳于窗外的一片灿烂，屋外秋阳熠熠生辉，百年老树欣然扬头，像个面含微笑的老人，安详地看着窗内埋头苦学的孩子。满眼的金黄，满眼的静美，在鱼山校区我竟偶得这样一幅美景，真是大幸！

走出图书馆，我眯起眼睛面朝暖阳，嘴角上扬，一寸寸地感受阳光的抚摸。眼睛慢慢睁开，满眼的阳光让我迷醉在这个惬意的下午。睁开眼时已经歪歪斜斜地走到了小路中央，遇见三三两两的同学，背着书包走在一样的阳光里。从他们身上，我仿佛看见不同时代的海大人，在同样的路上走过，并在这个校园里度过了他们最灿烂的青春。他们是幸运的，我们也是。

脚踩秋叶，这声音挠人心底，由秋叶之静美，可以想见夏花之灿烂。远远看见夕阳中的操场上是激动跳跃的人群，耳机里传出的天籁抚摸着我兴奋的神经。《玫瑰人生》的小提琴副声优雅而起，像梦一样，我陶醉于欣赏蓄意或是不经意攀上窗户的凌霄花，耸立不屈的青松站在一旁微笑。

按照原路，我返回起点，并，爱上了这个校园。

原载于 2009 年 12 月 3 日《中国海洋大学报》

八关盛景

校园夏韵

鱼山揽胜

鱼山夕照

八关山下

海风

　　一年四季中，除去偶尔的潮湿和夏末秋初的燥热，青岛的夏天是极为宜人的。特别是在以信号山、小鱼山、八关山、青岛山为大致边界的老市区，长街窄巷交织，红瓦朱墙错落，高树粗藤掩映，特别适合漫无目的的闲游。如果登上某个山顶，就可以吹着海风俯瞰青岛老城；即便不想耗费体力，仅仅是在山下街巷里游走，寻觅其中新旧交织或浓或淡的市井烟火气，也是别有趣味的。

　　八关山坐落于青岛汇泉湾畔，山不高，海拔仅 80 余米。山的南侧山势较缓，慢慢地倾斜而下，一直延伸到海边的沙滩，远远的，潮涨潮落清晰可见，风声涛声隐约可闻；山的北侧则较为陡峭，高高的山石冷峻地立着，如有力的臂膀，将山下的校园揽入怀中。山虽不高，却成为交通上的一种阻隔，因此，山的周围，

数条道路绕山坡蜿蜒回转，民居则就山势错落起伏。当你走在这些曲折且略有几分狭窄的街中，穿行于拥挤且老旧的民居间，不经意中会发现一些响亮的名字：闻一多、老舍、沈从文、王统照、杨振声、梁实秋、洪深、冯沅君、陆侃如……他们大多于 20 世纪三四十年代来到八关山下，在当时的国立青岛大学和国立山东大学任教。如今，几十载时光荏苒，他们的身影已渐行渐远，然而他们当年在这里的停留，在国难中的呐喊，在校园里的音容和八关山下的求索，仍然随海风飘荡，随涛声回旋，吸引着我们去探寻、去怀想。

海大鱼山校区，依偎在八关山下，遥望青岛湾的点点帆影，校园里古树参天，风景优美。绿树掩映之中，几幢新哥特式建筑坐落其间。在校园的东北角，有一座风格别致的二层小楼默默伫立，小楼原为黄墙红顶，而现在黄墙已然不可见，只有爬墙虎的藤蔓在自由蔓延，覆盖了墙，

遮掩了窗，这便是闻一多当年来国立青岛大学任教时的居所了。在前后两年的时间里，闻一多均居住于此。楼前立有闻一多的大理石塑像，塑像表情似深思，似凝视，又似在吟咏……基座背面刻有曾师从闻一多学习诗歌的我国当代著名诗人臧克家的题词。近年，学校对一多楼附近的环境进行了修整，小楼周围愈显幽静，时有学生来此晨读，琅琅书声，不绝于耳！

闻一多与青岛结缘，当归功于国立青岛大学的校长杨振声。作为著名的教育家，杨振声对学校教育有独到的见解。国立青岛大学成立时，杨振声采用"兼收并包、学术自由"的办学方针，广邀专家学者来校任教讲学，一时间学校英华齐聚，学术空气浓厚，声誉日隆。杨振声还是中国现代著名作家，其作品多反映社会现实问题，鲁迅先生评价他是"极要描写民间疾苦的作家"。杨振声在青岛时居于现在黄县路 7 号的一幢两层小楼里，与学校仅隔一条马路，推窗可见八关山。当时学校的教授们，闲暇时都喜欢到其住处小坐。其旧居如今已略显老旧，楼前几株高大的梧桐，在我去寻访时正有满树淡紫色的花开着，空气中弥漫着缥缈的花香……遥想昔日文人名士齐聚一室，品茗谈诗、把酒论文的盛景，令人神往不已。

沿黄县路前行不远，与杨振声做邻居的便是老舍了。窄窄的街道一旁闪出一幢上下两层的楼房，红瓦的屋顶，暗黄色斑驳的墙，与周围的建筑别无二致。1934 年，老舍由济南来到青岛，先是落脚于今天的登州路 10 号，受聘于国立山东大学。老舍对青岛优美的自然环境倍加赞赏，在散文《青岛与山大》中多有

描写。1936 年，老舍辞去教职并把家迁到黄县路 12 号，开始专心文学创作，《骆驼祥子》等一系列作品由此诞生。

2005 年仲秋，舒乙先生在王蒙先生的陪同下故地重游，站在院子里，看着居住过的房屋和院落，忆及幼时生活的种种，感慨良多。锈蚀的院门，起伏的石径，斑驳的门窗，还有摆在门前的两只木凳，好像老舍先生刚刚在此小坐片刻，又回到书桌前⋯⋯

1930 年，与闻一多先生一同受邀来到青岛的还有梁实秋。晚年的梁实秋曾经让女儿辗转由青岛带去一瓶海沙置于案头，时时凝望。梁实秋当年居住在今天的鱼山路 33 号，几级台阶，狭长的小巷，尽头是一幢普通的二层建筑，周围有几株水杉之类的树，挺拔而苍劲。初来青岛的闻一多住在汇泉湾畔，去学校上课时要经过梁实秋的门前，两人每每一袭长衫，各执一杖结伴而行。梁实秋不仅对青岛的自然之美赞赏有加，而且青岛淳朴的民风、味美的海鲜也让他印象深刻，在后来的回忆文章中多有提及。在青岛时，他还养成了品茶的习惯，经常悠闲地穿行于茶庄之间，翩翩然颇有名士之风。但"荒漠不可能长久的变成天堂"，青岛在文化方面的贫乏还是让梁实秋感到乏味，青岛还是没有成为他"能长久的居之安的所在"。1934 年，带着未能完成的《莎士比亚全集》的译稿，梁实秋举家迁往北京。

八关山上岩石裸露，土层很薄，树多生于石缝之间，寒来暑往，树的落叶逐渐积累成新的土壤，为后生的树提供营养。树不能移动，但人可以迁徙，闻一多、杨振声、老舍还有梁实秋等人都先后离开了青岛，但他们在青岛的生活和创作，还是为青岛这片土地留下了可供后人汲取的文化营养。

出学校的四校门，沿着红岛路向着海的方向走，在第一个路口旁侧的高坡上，有一幢规模颇大的建筑，背倚八关山，远望着波光粼粼的汇泉湾，这里就是福山路一号洪深故居了。高大的梧桐树遮掩了建筑的全貌，然而推开半掩的门走进小小的院落，从整齐的台阶、花岗石的墙壁、老式的门窗和西式的廊柱上，仍隐约可见当年的风华。1934 年，洪深由上海来到青岛任国立山东大学外文系主任，授课之余，开始从事戏剧和电影剧本的创作。1934 年写成其代表作，也是中国电影文学剧本的开山之作《劫后桃花》。他还积极组织学生进行戏剧创作并演出了很多有颇有影响的剧目，活跃并丰富了校园文化。洪深在青岛的时间很短，1936 年，便追随抗日烽火而去。岁月无痕，那段澎湃着热血与激情也充满了忧伤与愤怒的时光已匆匆而逝，但作为见证的八关山依旧默默仁立，那一方院落里，正是疾风吹劲草！

与洪深毗邻而居的是湘西才子沈从文。从福山路 3 号，徒步可到学校，从居室的窗口即可望见明朗阳光下随时变换颜色的海面和天光云影，1931 年沈从文在国立青岛大学任教时住在这里，由于青岛比较潮湿，他给自己的居室取名"窄而霉斋"。当年的沈从文经常四处悠游，探寻青岛的美景。1933 年夏天，在崂山带着海水潮湿和草木清香的微风里偶遇一个女孩，勾起了他悠远的关于湘西的片段回忆，成为其名著《边城》中翠翠的创作原型。沈从文在青岛收获了《八骏图》《从文自传》等作品，也收获了他的爱情。当年沈从文与新婚妻子张兆和经常在海边散步，一次，不会游泳的沈指着大海对妻开玩笑说，自己从这里一头扎下去，一眨眼就能从远处的那块礁石边冒上来。多年以后张兆和说起此事，仍开心得满脸都是笑。

在中国现代文坛上，不会游泳的沈从文却对水极富感情，写水也写得极好。从凤凰城下到青岛海滨，从水乡的柔美到大海的壮阔，是水成就了他的文学，也是水滋润了他的人生！

沿福山路绕八关山曲折前行，不远就到了鱼山路，在鱼山路与大学路的交会处，有一处院落，几幢风格统一的小楼，围出一个相对安静的空间。在日军侵占青岛期间，这里曾是日本商社，后来收为学校校舍，1947 年来到青岛的冯沅君、陆侃如夫妇在这个院子里共居住了 12 年。冯沅君是"五四"以后中国新文学史上第一批颇有影响的女作家之一，来青岛后，就把主要精力放在了古典文学与文学史领域的研究与教学上。她的学生在回忆当年听冯沅君讲课的情形时这样写道：她戴一副深度的近视眼镜，齐耳的短发后拢着……姿容娴雅，才情焕发……带着那个时代特有的情调。而她的眼神蕴含着温柔的光辉，她的嘴角挂着亲切的微笑，更令人难忘。冯沅君与丈夫陆侃如伉俪相依，切磋学问，著书立说，教书育人。冯先生的才情智慧与雍容高雅的风度，陆先生的温文尔雅与传统文人士子的气质，令人神往，能在这样的师长教诲下成长，实为学子之幸！

与梁实秋、沈从文等人的来去匆匆相比，王统照应该算半个青岛人了。1926 年夏，王统照在青岛观海山下购地建屋，直到 1950 年离开青岛，一直居住于此。观海山高 60 余米，山顶现辟为公园。观海一路与观海二路皆绕山环行，少有行人，静谧而安逸。王统照故居在观海二路上，几间瓦房，在院内高大的梧桐树与周围

建筑的遮掩下，略显低矮。当年，周围的环境没有现在这样拥挤，视野也很开阔，走出家门就会看到整个胶州湾，湿润而微凉的海风可以一路吹上来扣动半掩的门窗。为了看海，王统照还在书房外特意修了一座小平台，起名叫"望海台"。偶尔，他会约闻一多、老舍、洪深登上他的望海台观海品茗。1946年王统照受聘国立山东大学，教学的同时笔耕不辍，而他认真负责的态度也赢得了学生对他的爱戴。1948年离青赴济，仅留下那几间房屋与望海台在宁静中凭海临风。

王统照受聘国立山东大学时，正值抗战胜利后学校刚刚复校，赵太侔再度出任校长，开始了艰难的复校工作。赵太侔与学校的渊源很深，早在国立青岛大学筹备时即为筹委会委员，学校成立后任文学院教授、教务长等职，1932年，杨振声校长去职，赵太侔被任命为更名后的国立山东大学校长，在其努力之下，学校得以快速而全面地发展。应该说赵太侔任校长期间是学校发展史上最困难的一段时期，时逢国难，学校经历了内迁、合并停办、复校重建的曲折历程，赵太侔为了学校的存续与发展付出了怎样的心血，恐怕是今天的我们难以想象的。赵太侔离任后，又任学校外文系主任，并一直从事研究工作。赵太侔当年在学校的居所已无从寻觅了，当你站在八关山上，看着山下连绵的红屋顶，也许会在想象中看到一扇打开的窗和一个为学校发展而忙碌的背影！

从鱼山路直行不远，在龙口路上有一幢两层小楼，外墙刚粉刷过，一株高大的松树在隆冬依然青翠而挺拔，这便是华岗在担任山东大学校长时的居所了。1951年，国立山东大学与华东大学合并成立山东大学，华岗任校长。在繁忙的校务之余，华岗还致力于学术，在历史、哲学等领域都颇有造诣，有大量著作留世。华岗任校长时开创了全校上政治大课的制度并担任主讲，他不仅知识渊博，而且经常把深奥理论与常见的社会和自然现象结合起来，说服力强，感染力大，不仅受到校内师生的欢迎，而且还吸引了很多校外人员前来听课，成为当时青岛市理论学习的盛举。上政治大课的地点就在今天水产馆前的小广场上，如今小广场已成为学生们课余活动的场所，当年上课的讲台还在，抚今追昔，华岗校长激昂的声音仿佛依稀可闻。

杨振声任国立青岛大学校长时，与闻一多、梁实秋等人常相聚小酌，得名"酒中八仙"，其中只有一名是女性，这便是方令孺。其时方令孺并非善饮，邀她共聚也许只是为了消解一下她的孤独，梁实秋曾这样描写方令孺："她相当孤独……斗室独居，或是一个人在外面行而行的时候，永远是带着一缕淡淡的哀

愁。"方令孺出身于安徽桐城的书香世家，在五四运动的影响下，接受的是西方教育，因深爱文学，后成为新月派代表女诗人。方令孺在青期间，授课之余，也从事诗与散文的创作。在其诗作《灵奇》中有这样的诗句："有一晚我乘着微茫的星光 / 我一个人走上了惯熟的山道 / 泉水依然细细的在石上交抱 / 白露沾透了我的草履轻裳。"方令孺当年所居住的宿舍就是现在的学校档案馆楼，与八关山百步之遥，当年方令孺所走的山道也许早已无处可寻，泉水也已消失，我们所能寻找的，只剩下当年的山与独行的足迹罢了！

青岛的老城多山，正如梁实秋所言，"推开北窗，有一层层的青山在望"。山的存在丰富了空间的层次，拉近了人与山和海的距离。而走在曲折的街道上，穿行于平凡而现实的生活与久远却厚重的历史之间，空间上的交融与时间上的交错，让人不由自主地沉醉，并因之而宁静，而沉默，而回味，而流连。

有学者曾说，各个城市的文化史，其实就是文化创造者们的进出史、留驻史。文化创造者们终将远去，而他们所创造的文化与精神，已经随岁月融于海、刻于山，留在了他们曾经生活过的地方，等待着后人去寻访，去凝视，去聆听，去遥想……

鱼山夜色

又是一年六月时

孙圣楠

又是一年6月时，又是一个要说"再见"的季节。

2008年的夏天来得比往常要晚，然而6月却按时赴约，准时得让人有些愠怒。或许因为自己不是毕业生，总感觉毕业仿佛一直是远在天边的一朵云，却在转瞬间化作雨丝飘然落下，近到触手可及。

从4月开始就陆续有人摆地摊，卖的东西当然以旧书居多，间或有一些服饰和其他日货。那些与主人相伴数年的书籍或物品摆在明亮的阳光下，静静地等待下一任主人。午饭和晚饭时间，地摊前开始有人驻足。在这里，通常不需要多费口舌便能买到自己中意的书。

当然，物以稀为贵，供不应求的书即使破败不堪也会因稀有而以"高价"自居。这种情况下，多费口舌也不一定能成交。买卖双方以自身利益为出发点，若交涉过程中找不到共同的平衡点，而双方又都不肯再让步，那么买主就会转向下一个目标，继续新一轮的"唇枪舌剑"。校园地摊已成为毕业到来的信号。

进入6月，时间变得更加珍贵。离别是这个时节每个即将离去的人最不愿提及却又不得不面对的话题，尽管拍照留念时镜头中每个人都是笑靥如花，离别的伤感却弥漫在每个人的心头。四年的朝夕相处积淀而成的情感在离别时变得分外沉重，那些一起度过的日子，那些一起分享过的感动瞬间，某个教室，某个座位，校园里的某处景色，平常日子里那些点点滴滴……所有共同的回忆都在此时显得弥足珍贵。

然而，离别是夏日里的红桃，人面何处并不重要，月明相望、秋思落尽才是它的幸福。萦绕心头的伤感是这个季节的专属，离别已是在所难免。早已打点好的行囊反复拆开几次，总觉得落下了什么，然而却又找不出究竟是什么。是什么呢？是在这里流逝的那些岁月，还是对这里的眷恋？能带走的只有肩上的行囊和大学所给予的那些埋在心里的内容罢了。

大学已过半的我们看着学长们的身影穿梭于校园的各个角落里，也会感慨两年后的自己也将是这毕业大军中的一员，眼前的一切在这一刻显得那么温馨而又珍贵。那一刻会庆幸自己正在享受一生中最美好的时光，也会有那么丝毫的紧

迫感。

　　虽然没有亲身经历，无法体会学长们现在的心情，但离别的伤感刻在他们的心里，写在他们的脸上，似乎连 6 月的阳光也都因此暗淡了许多。

　　然而，离别不是为了续写忧伤，而是为了永不相忘。

原载于 2008 年 6 月 19 日《中国海洋大学报》

地质馆

海洋馆秋色

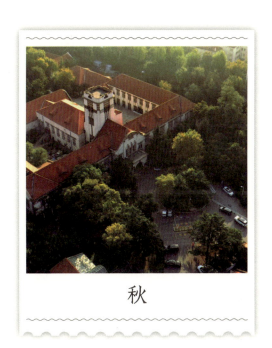

秋

谈闻一多（节选）

梁实秋

青岛的天气冬暖夏凉，风光旖旎，而人情尤为淳厚，我们立刻就认定这地方在天时、地利、人和三方面都够标准宜于定居。所以我们访问金甫之后，就一言而决，决定在青岛大学任教。我回北平家中小憩，一多返武汉接眷，秋后我们便在青岛开始授课。

青岛大学是新创立的学校，校址是万年山麓，从前德国的万年兵营，有五六座楼房(其中一座为市政府保安队占用)，房屋构造坚固，勉强可以用作教室宿舍。我们初到青岛的时候，蔡子民先生还携眷住在女生宿舍那座小楼里。学校大门上的木牌是蔡先生的题字，清癯一如其人。一多除了国文系主任之外还担任文学院院长。在中国文学系里，一多罗致了不少人才，如方令孺、游国恩、丁山、姜叔明、张煦、谭戒甫等。

一多最初赁屋于大学路，即学校的斜对门，楼下一层，光线很暗，旋即迁到汇泉，离浴场不远的二栋小房，出门即是沙滩，涨潮时海水距门口不及二丈。据一多说夜间听潮一进一退的声音，有时不能入寐，心潮起伏，不禁忆起英国诗人安诺德的那首《多汶海滩》。他到学校去要经过我的门口，我住在鱼山路，时常呼我同行赴校。青岛多山路，所以我们出门都携手杖一根，这是别处所不需要的。一多很欣赏策杖而行的那种儵然的态度，所以他备了好几根手杖。一多在私生活方面是个懒人，对于到市内购买什物是视若畏途的，例如我们当时都喜欢穿千层底的布鞋，一多怕去买鞋，时常遇到鞋穿破了之后，先试穿他的厨师的鞋子，然后派遣他的厨师代他去买鞋。

汇泉的房子是很可羡慕的，可惜距校太远，同时也太偏僻，到了冬天海风呼啸时分外凄凉。一多住了不到一年，便趁暑假的时候送眷回到湖北，离别了那海边小屋。他为什么要把妻室孩儿送还家乡，独自留在青岛，我不知道，事实上他的家庭生活的情形，我也所知甚少。他住在汇泉的时候，请过我去吃过一次饭，我如今还记得是他的厨师所做的烤苹果非常可口。孩子一大堆，流鼻涕的比不流鼻涕的为数较多。

一九三〇年一多送眷回乡，返校后就住学校宿舍，好像是第八校舍，是孤零

　　零的一座楼在学校的东北方，面对着一座小小坟山。夏夜草长，有鬼火出没。楼上有一个套房，内外两间，由一多住，楼下的套房由黄际遇（任初）住。这位黄先生比我们年长十几岁，是数学家，潮州人，喜欢写字，下象棋，研究文学，为人很豪爽，由河南教育厅长卸任下来在青大任理学院院长，也是和我们还可以谈得来的一个人。一多在这宿舍过了孤独的一年，饮食起居，都不方便，但是这一年间他没有家累，得以全副精力从事于中国文学的研究。他从此埋头苦干，真到了忘寝废食的地步，我有时到他宿舍去看他，他的书房中参考图书不能用"琳琅满目"四字来形容，也不能说是"獭祭鱼"，因为那凌乱的情形使人有如入废墟之感。他屋里最好的一把椅子，是一把老树根雕刻成的太师椅，我去了之后，他要把这椅上的书搬开，我才能有一个位子。

　　青岛附近的名胜只有劳山，可是劳山好像没有什么古迹，尽管群峰削仞乱石穿空，却没有什么古人留下的流风遗韵的痕迹。我和一多、金甫、太侔曾数度往游，在靛缸湾的瀑布前面流连忘返。一多说风景虽美，不能令人发思古之幽情，可见他浪迹于山水之间尚不能忘情于人事。我指点山上的岩石，像斧劈皴一般，卓荦峥嵘，我说那就是千千万万年前大自然亲手创造的作品，还算不得是"古迹"

么？一多不以为然。后来我们到济南参加山东省留学生考试委员会，事毕游大明湖，一多在历下亭看到"海右此亭古，济南名士多"一联，依稀想见杜少陵李北海的游踪，这才欣然色喜，虽然其实济南风景当推佛峪为较胜。

一多在青岛住了两年，在学潮爆发之后不愉快地离去。

校园秋意浓

科学馆秋色

铭史楼与化学馆

秋韵

秋染八关

雪后大学路操场

冬

雪后校园

校园拾趣

田广渠

　　上世纪 50 年代上半叶，山东大学（中国海洋大学前身）在老革命家、马列主义理论家华岗校长主持下，不但名师云集，教学科研成绩蜚声华夏，且校园内生机勃勃，欣欣向荣，被誉为山大历史上的"第二个黄金时代"。我作为当年山东大学校刊《新山大》的编辑、记者，身历扑面而来的文明之风，"桩桩小事"，至今记忆犹新。山东大学校刊《新山大》于 1951 年 3 月 19 日创刊，四开四版，每份 500 元（旧币）。初为旬刊，后改为周刊，是山大校园内的"一报一刊"之一（《新山大》《文史哲》）。因为及时报道山大的兴革大事和连续登载华岗校长的政治及学术报告，在全国范围内有一定影响，被认定全国发行。创刊时的编辑记者有庞朴、史若平、田广渠和李肇年。我们几个编辑都是二十出头的小青年，经常参加学生的一些活动。每期《新山大》出版后，有些学生通讯员在课余时间拿着到街头兜售，有的竟能卖出近百份，还有的读者经常来校刊室买报。为了方便读者，我们商量后决定，在一进校门的"六二楼"内和大众礼堂旁设置无人售报箱，放上一叠校刊，用铁夹子夹着，近旁有个朝上开口的小木箱，写着"无人售报"几个字，读者自己取报，把钱投进箱里。分管发行工作的李肇年同志，每次更换新一期校刊时，都小心翼翼地用钥匙投开小木箱，把报款取出带回。他一进校刊室，就高兴地向我们报告"好消息"，报费一分不少，还多出了些。也许因为零钱找不开，就多投了。

两个不起眼的"无人售报箱"一直使用着，直到山大迁济南。如果"无人售报箱"保留着，那该是一件小有价值的文物了。

无独有偶，当年的"无人售电影票处"也令人难忘。学生会电影组在周末经常组织同学看电影，苏联和东欧国家的电影居多，国产影片也占一定数量。代卖电影票的事一般由各院系学生会文娱干事负责。副教务长余修在一次和学生会干部交谈时建议，可以设个"无人售电影票处"，想看电影的同学可以随时直接到这里买电影票。就这样，在大学路学生会办公室内新安放了一张小桌子，电影票就放在上面，标明票价，旁边放了钱箱，其中还备有找零的小票，由同学自己付钱，自己取票。中文系学生樊庆荣（学生会干事）清楚地记得，1951年4月22日是"无人售电影票处"开张的第一天，卖的是《红领巾》影票。因为没有经验，消息发布得晚了些，又加上女同学集体游园，所以卖出的票较少，数了数，共卖出了220张，500元（旧币）一张，应收钱11万元，实际上钱箱里是11万1000元，多出了1000元。樊庆荣同学为此向校刊写了稿子，盛赞"这是新山大的创举，也唯有在新社会中才能这样做，才能得到这样的结果"。

令人啧啧称奇的"风景线"还出现在食堂里。当年学生食堂是"包伙"，交一样的钱，吃一样的菜，主食吃多少自便。考虑到同学们的不易，伙食费不是每年或每学期交一次，而是每月交一次，大约是每月75000元（旧币），1955年币制改革后为人民币7.5元。

靠近鱼山路的胜利楼中住着医学院和水产系同学，进门后的大厅就是医水食堂。有的同学因为一时交不上伙食费，就不能进食堂。从胜利楼去文学院的途中有个铁皮房，门口挂着"大众餐厅"的牌子，那是个小饭店。一时凑不齐钱、交不出伙食费的同学，可以到这里来应下急。当然也有约上三五挚友，到这里浅斟慢酌谈天说地的。进门右手边是张大方桌，放着稀饭、米饭和馒头，还有几碟盛好的廉价小菜，如芹菜、酱干、肉皮冻、花生米之类，明码标价，一般两三百元（合人民币两三分钱）一份。

在这里吃饭完全是自助式，顾客自己取饭菜，自己付钱。令人称奇的是这里连收钱的木箱都没有，钱就放在桌子上，找零也是自取。尤有甚者，钱不凑手的时候，可以"挂账"。所以桌子上除了钱，还有欠条，比如"某系学生某某欠钱多少，改日奉还"，下面是签名。服务员收拾碗筷时，也不以为意，随手放在一边用铁夹子夹起来。过几天有钱了就来"奉还"，放上钱，找出自己的欠条撕掉就完了。服务员说，欠条常在变，旧的去了，新的又来。

王贤才是 1953 届山大医学院毕业生，江西九江人，颇有文才，在校时是校刊的积极分子，我俩多有交往，毕业后特别是改革开放后我俩成为莫逆。他每次忆及自己的大学生活，对这些"点滴"小事都如数家珍，他说："清人李汝珍的《镜花缘》里写了'君子国'，很感人，传为美谈，但那是虚构的。当年进入山东大学校园，还真是如入君子之邦，如沐春风。"

原载于 2015 年 3 月 19 日《中国海洋大学报》

青岛与山大

老舍

　　北中国的景物是由大漠的风与黄河的水得到色彩与情调：荒、燥、寒、旷、灰黄，在这以尘沙为雾，以风暴为潮的北国里，青岛是颗绿珠，好似偶然的放在那黄色地图的边儿上。在这里，可以遇见真的雾，轻轻的在花林中流转，愁人的雾笛仿佛像一种特有的鹃声。在这里，北方的狂风还可以袭入，激起的却是浪花；南风一到，就要下些小雨了。在这里，春来得很迟，别处已是端阳，这里刚好成为锦绣的乐园，到处都是春花。这里的夏天根本用不着说，因为青岛与避暑永远是相连的。其实呢，秋天更好：有北方的晴爽，而不显着干燥，因为北方的天气在这里被海给软化了；同时，海上的湿气又被凉风吹散，结果是天与海一样的蓝，湿与燥都不走极端；虽然大雁还是按时候向南飞，可是此地到菊花时节依然是很暖和的。在海边的微风里，看高远深碧的天上飞着雁字，真能使人暂时忘了一切，即使欲有所思，大概也只有赞美青岛吧。冬天可实在不能令人满意，有相当的冷，也有不小的风。但是，这里的房屋不像北平的那样以纸糊窗，街道上也没有尘土，

于是冷与风的厉害就减少了一些。再说呢，夏季的青岛是中外有钱有闲的人们的娱乐场所，因为他们与她们都是来享福取乐，所以不惜把壮丽的山海弄成烟酒香粉的世界。到了冬天，他们与她们都另寻出路，把山海自然之美交给我们久住青岛的人。雪天，我们可以到栈桥去望那美若白莲的远岛；风天，我们可以在夜里听着寒浪的击荡。就是不风不雪，街上的行人也不甚多，到处呈现着严肃的气象，我们也可以吐一口气，说：这是山海的真面目。

一个大学或者正像一个人，他的特色总多少与它所在的地方有些关系。山大虽然成立了不多年，但是它既在青岛，就不能不带些青岛味儿。这也就是常常引起人家误解的地方。一般的说，人们大概常会这样想：山大立在青岛恐怕不大合适吧？舞场，咖啡馆，电影院，浴场……在花花世界里能安心读书吗？这种因爱护而担忧的猜想，正是我们所愿解答的。在前面，我们叙述了青岛的四时：青岛之有夏，正如青岛之有冬；可是一般人似乎只知其夏，不知其冬，猜测多半由此而来。说真的，山大所表现的精神是青岛的冬。是呀，青岛忙的时候也是山大忙的时候，学会咧，参观团咧，讲习会咧，有时候同时借用山大作会场或宿舍，热忙非常。但这总是在夏天，夏天我们也放假呀。当我们上课的期间，自秋至冬，自冬至初夏，青岛差不多老是静寂的。春山上的野花，秋海上的晴霞，是我们的，避暑的人们大概连想也没想到过。至于冬日寒风恶月里的寂苦，或者也只有我们的读书声与足球场上的欢笑可与相抗；稍微贪点热闹的人恐怕连一个星期也住不下去。我常说，能在青岛住过一冬的，就有修仙的资格。我们的学生在这里一住就是四冬啊！他们不会在毕业时候都成为神仙——大概也没人这样期望他们——可是他们的静肃态度已经养成了。一个没到过山大的人，也许容易想到，青岛既是富有洋味的地方，当然山大的学生也得洋服嘟当的，像些华侨子弟似的。根本没有这一回事。山大的校舍是昔年的德国兵营，虽然在改作学校之后，院中铺满短草，道旁也种上了玫瑰，可是它总脱不了营房的严肃气象。学校的后面左面都是小山，挺立着一些青松，我们每天早晨一抬头就看见山石与松林之美，但不是柔媚的那一种。学校里我们设若打扮得怪漂亮的，即使没人多看两眼，也觉得仿佛有些不得劲儿。整个的严肃空气不许我们漂亮，到学校外去，依然用不着修饰。六七月之间，此处固然是万紫千红，士女如云，好一片摩登景象了。可是过了暑期，海边上连个人影也没有；我们大概用不着花花绿绿的去请白鸥与远帆来看吧？因此，山大虽在青岛，而很少洋味儿，制服以外，蓝布大衫是第二制服。就是在六七月最热闹的时候，我们还是如此，因为朴素成了风气，蓝布大衫一穿大有"众人摩登我独古"的气概。

还有呢，不管青岛是怎样西洋化了的都市，它到底是在山东。"山东"二字满可以用作朴俭静肃的象征，所以山大——虽然学生不都是山东人——不但是个北方大学，而且是北方大学中最带"山东"精神的一个。我们常到崂山去玩，可是我们的眼却望着泰山，仿佛是。这个精神使我们朴素，使我们能吃苦，使我们静默。往好里说，我们是有一种强毅的精神；往坏里讲，我们有点乡下气。不过，即使我们真有乡下气，我们也会自傲的说，我们是在这儿矫正那有钱有闲来此避暑的那种奢华与虚浮的摩登，因为我们是一群"山东儿"——虽然是在青岛，而所表现的是青岛之冬。

至于沿海上停着的各国军舰，我们看见的最多，此地的经济权在谁何之手，我们知道的最清楚；这些——还有许多别的呢——时时刻刻刺激着我们，警告着我们，我们的外表朴素，我们的生活单纯，我们却有颗红热的心。我们眼前的青山碧海时时对我们说：国破山河在！于此，青岛与山大就有了很大的意义。

雪后一多楼

103

雪中校园组图

冬日校园

浮山校区

浮山校区位于青岛市崂山区，南临香港东路，北依浮山，故得名。浮山校区1987年启动建设，1992年启用。截至2023年底，浮山校区占地280余亩，总建筑面积约20.5万平方米。

■学脉延展

1986年9月，国家教委批复，同意学校成立分部筹建处，负责分部的征地、规划和筹建等工作，徐家振副院长兼任分部筹建处主任。

1987年12月，山东省土地管理局下文，同意山东海洋学院征用崂山县（今崂山区）中韩镇王家麦岛村、徐家麦岛村土地共计336.85亩，用于学校分部建设。

1989年11月，学校分部综合楼正式开工，1992年1月竣工验收。

1990年12月，学校上报国家教委的《青岛海洋大学"八五"事业计划和十年规划方案框架》中提道：完成麦岛分部建设，加快教职工住宅建设进度，改善办学条件和师生生活条件。

1991年3月，麦岛分部行政管理机构确定为分部办公室、教务处教学行政科、总务处总务二科、膳食二科、学生处学生管理科、公安处公安科。

1991年4月，校党委研究决定，设立麦岛分部党委，徐家振兼任分部党委书记。

1992年3月4日，麦岛分部正式启用，460名1991级新生入驻。麦岛分部的启用缓解了学校校舍紧张状况，改善了办学条件。

2006年7月，崂山校区启用，浮山校区部分院系搬迁至崂山校区。

2011年，经教育部和地方政府同意，浮山校区土地置换启动。

---

1 1991年，校长施正铿等检查分部建设
2 1992年，校长施正铿、副校长管华诗考察分部建设

1

2

1

2

1　1986 年 9 月，学校成立分部筹建处

2　校区启用前各部门工作人员在分部综合楼前合影

3　建设中的分部教工宿舍区

4　图书馆综合楼，1992 年建成，建筑面积 14319 平方米

5　分部建设用地原始地貌，图中村落为王家麦岛村，右侧为徐家麦岛，中间道路为今香港东路

1

1　1992年3月4日，分部启用典礼

2　1992年，原山东海洋学院院长文圣常考察分部建设

3　1992年，国家教委副主任滕藤考察分部建设

2

3

向海而兴

1

2

3

1　新生军训

2　1993 年分部操场

3　学生宿舍

4　1996 年，国家教委主任朱开轩考察麦岛校区

5　1997 年，新生及家长在麦岛校区餐厅就餐

6　幼儿园，1999 年建成，建筑面积 3226 平方米

4

5

6

1　海尔楼组图，1999 年建成，建筑面积 14404 平方米
2　1999 年，麦岛校区（后更名浮山校区）香港东路校门
3　教学实验大楼（东组团），2002 年建成，建筑面积 13538 平方米

2

3

1

1 2002 年，学校更名揭牌
2 2004 年，浮山校区新建教师公寓
3 2004 年，浮山校区学生宿舍
4 2004 年 6 月，浮山校区全貌

2

3

4

1

2

1　2004年9月，学生在浮山校区餐厅就餐
2　2004年的浮山校区食堂
3　2004年9月，浮山校区校园
4　投入使用后的大学科技园大楼

3

4

1　2006 年 7 月，浮山校区部分院系搬迁至新启用的崂山校区

2　2010 年 5 月的浮山校区操场

3　2011 年，经教育部和地方政府批准，浮山校区土地置换启动

2023 年 7 月浮山校区全貌

▪ 浮山昏晓

　　浮山校区依山傍海。作为"海上第一仙山"崂山的余脉，浮山险峻挺拔，一派仙风道骨。我的宿舍被分配在11号楼6楼，是学校的制高点，清晨打开窗帘，可以看到楼下操场上晨练、晨读的同学；再抬眼，阳光正洒在宽阔的海面上，粼粼波光照进宿舍里来……一晃十余年过去了，这个场景始终在脑海中萦绕。那阳光好似我的大学回忆，拨开窗帘，便会倾泻而至。

浮山小忆

路越

2007 年，我第一次来到青岛，来到中国海大。刚刚经历完高考，稚气未脱，难掩踌躇满志，我拖着行李箱坐了 5 个小时绿皮火车，来到这个陌生的城市。徐家麦岛微咸的海风提醒我，这里离我梦寐以求的海边相隔咫尺，浮山校区那盛大的迎新场面，也让我忽略了浮山校区的"小巧袖珍"。就这样，带着满心期待，我变成了一名大学生。

浮山校区依山傍海。作为"海上第一仙山"崂山的余脉，浮山险峻挺拔，一派仙风道骨。我的宿舍被分配在 11 号楼 6 楼，是学校的制高点，清晨打开窗帘，可以看到楼下操场上晨练、晨读的同学；再抬眼，阳光正洒在宽阔的海面上，粼粼波光照进宿舍里来……一晃十余年过去了，这个场景始终在脑海中萦绕。那阳光好似我的大学回忆，拨开窗帘，便会倾泻而至。

操场

彼时浮山校区的操场是渣土跑道，光秃秃的足球场，每每风起，飞沙走石，眼睛都难以睁开。在呼啸的风声里，我们身着迷彩服，开始入学军训。初入大学，我对一切都充满好奇和干劲儿，甚至对这摸不着方向且夹杂着沙砾的疾风，都倍感新鲜亲切。在教官声声惊雷般的口令中，我觉得自己就是戈壁滩戍边的白杨，风沙中不禁又挺了挺军姿。

军训场上，一些在行伍方阵中穿行的身影引起了我的注意，他们端着相机，夹着笔记本，时而构图取景，时而奋笔疾书。我绷着军姿，却不住地斜睨着，觉得他们好帅。当他们从我面前经过，我看清了他们胸前挂着的工作牌——"观海听涛"（记者团）。这是我对大学生活的第一个印象，是我想象中大学的样子。这四个字，我心向往之。

军训结束后，我报名参加了"观海听涛"的选拔，并以实习期发稿量第一的成绩被录用。我的大学生活，如我所愿变得忙碌充实起来。那时为了跑新闻，我不厌其烦地在海报墙、办公室、活动现场奔波，认真学习稿件撰写、摄影技巧、图片后期和新闻发排，感觉自己是一个真正的"新闻人"。

新闻人风餐露宿，怎么能有时间去食堂排队打饭？于是操场下面的"煮面大叔"便成了我的"私厨"。大叔40岁上下，话和他的头发一样稀少，面却煮得一绝。面摊儿支在操场看台下的器械室旁，货架上各种方便面琳琅满目，应有尽有，几个电磁炉上总是热气腾腾，红色可口可乐阳伞不避风雨，潦草地插在塑料座椅上，常被吹得东倒西歪。有时跑完新闻错过饭点儿，我总会去那里点两包泡面，若发了稿费手头宽裕，还会多加一个鸡蛋，一个打散，一个囫囵个儿。面得了，迎着大风一吹，便立刻不烫，挑起一筷子送入口中，面芯儿却仍是热的。吃上一碗，今日的幸福感就算是满满的了。

平流雾

都说"风声雨声读书声，声声入耳"，在浮山校区的早晨，不管走到哪里，都会有这样的感觉。似乎每个人都有属于自己的秘密基地，与自己磁场相合，天时地利人和，便是自己的晨读场。

操场太空旷，图书馆旁的ATM机房又太狭小，教室太沉闷，小花园里蚊虫又太多……于是，C区顶楼那个鲜为人知的露台，就成了我的首选。早上带一本书，爬上四楼来到这里，推开门，红色地砖，灰色围栏，安静整洁。翻开一页，

好像上面的字都在等你朗读。

读累了抬起头，大海就在面前。近岸的舢板在随波忙碌，远处的货轮却在天际线定格，待再抬头时，那庞然大物已然远去，像又定格在了新一处远方。

五六月时，露台就会变得忙碌。期末考试临近，早起复习的人也逐渐多了起来。一早一晚，平流雾便会从海上袅袅而来。水雾凝重时，地砖、栏杆都会蒙上一层水滴，甚至"相隔对面不相识"。读书声依旧，大家都会小心翼翼地在自己的"小圈子"踱步，互不相扰。捧着书本，偶尔会看到水滴滴落在书页，一摸头发，原是头发也结了露，在向下滴水。合了书远眺，望不见海，浮山校区也变得氤氲缥缈，茫茫然不见太阳，心情也跟着怅然。

然而，纵有遮天蔽日的本事，这海雾也终究只能"嚣张"一季。不用等到期末考试结束，平流雾便日渐羸弱，偃旗息鼓。待到秋季学期开学返校，就又是艳阳高照、碧海蓝天的浮山校区了。

豆豆

豆豆是浮山校区里的一只流浪猫。

大三时为了完成专业课作业，我和舍友们时常结伴去校外拍摄。依稀记得那是一个模仿王家卫风格的故事短片，不乏若干深夜公交车的场景。于是一群奇怪的大学生霸占了夜班 11 路，把空旷疾驰的深夜公交，当成了他们的完美片场。

一晚拍得尽兴，返回时却发现已经错过了宿舍门禁。想到一夫当关、万夫莫开的宿管大爷，我们觉得在操场看台上对付一宿也不错——反正是夏天，大家好像有用不完的精力，吹不完的牛。

豆豆就是在这时碰到我们的，它在看台边的草丛正兀自玩得起劲儿，就被火腿肠的香气吸引，被我们轻松包围。这只虎皮颜色的小奶猫似并不怕人，在我们中间蹿来蹿去，把我们掰碎了喂它的火腿肠吃个精光。在它的陪伴下，这一夜并不漫长。天亮了，它一路跟到我们宿舍门口，或许是怕楼房，一扭头便跑不见了。

谁知当我们再走出宿舍，这只自来熟的小奶猫径直向我们冲来。它欢脱，我们惊喜。我匆匆跑去小卖铺，买了一根火腿肠喂它，两面之缘，这就成了老相识。老相识总得有名字，看着快吃完的火腿肠，我们知道留给条件反射的时间不多了。"叫豆豆吧"，不记得是谁的提议，立刻获得大家的赞同，于是一群蓬头垢面、不修边幅的男生，围着一只正在专心啃火腿肠的小奶猫，豆豆长、豆豆短地叫个不停。

从那以后，每天早上出宿舍，只要我喊一声"豆豆"，就会有一只虎皮颜色的小猫从冬青林里蹿出，跟在我的旁边。我会去便利店买一根烤肠，一人一半，边走边吃。豆豆虎头虎脑，威风凛凛；有它在身边，我也走得骄傲，走得带风，真不知谁假了谁的虎威。烤肠吃完，就到了 X 区教室。我上课，它也玩儿它自己的去了。

豆豆以肉眼可见的速度长大，秋去冬来，寒假也到来了。相处一学期，离别还真有些不舍，收拾好回家的行李，最后一次喂了它喜欢的烤肠，我便踏上了回家的路。想到年后再见，心里还蛮期待。

不想，那竟是最后一面。

等到寒假结束，回到浮山校区的第一件事，便是买一根烤肠在宿舍楼下喊它的名字。这次它没有再虎头虎脑地跳出来奔向我，只有安静的冬青林，没有一丝风吹草动。

有同学说寒假里有一群外地人来抓流浪猫狗，也有人说豆豆被流浪动物保护组织带去集中收容了。没过多久，我们根据学校安排，迁至新落成的崂山校区学习生活。关于浮山校区的一切，就像按了一个按钮，戛然而止。

来到崂山校区，才感到浮山校区是那么的小。可每每舍友们聊起来，总觉得最美好的记忆都留在了那里。大学生活就这样很快结束，大家匆匆告别，青春散场，各奔天涯。

毕业后我也曾回到浮山校区，想回到自己的无敌海景宿舍看海，看看当年迎着风吃泡面的操场，看看背单词的 C 区露台。不想宿舍楼连同操场，已经变成了崭新的高档住宅，难寻旧迹。走在校园的小路上，感觉周遭的东西好像都变得小了许多，可那些草木砖瓦里，却仍旧能找到彼时的忙碌、迷茫和快乐。

突然，路旁低矮的冬青林一动，闪过一只虎皮颜色的大猫。我忙叫了声"豆豆"——只见它背对着我略一停步，伶俐的耳朵一转，却终究没有转身，旋即跳进冬青林里，再也不见了踪迹。

其实我也不知道，它到底是不是豆豆。

浮山，我很想你

杨丽丽

　　新年刚过，青岛迫不及待地下起了雪；小区门口刚下车没走几步，差点滑倒。下雪过后走起路来已经格外用心加小心，还是差点儿摔个人仰马翻，不禁让人感慨唏嘘。想当年，无论在雪地里怎么撒欢怎么奔跑，都跟"滑倒"这个词儿不沾边。

　　我第一次在雪地里摔倒，是在浮山校区。

　　从1号宿舍楼下来，有个不算太陡的坡，沿着这个坡右拐可以去图书馆或者教学楼E区，左拐可以去体育场，继续下行可以去X区，1号楼东侧是学校食堂，这个坡所在的道路堪称主干道了。一年四季，熙来攘往，年轻的身影们匆匆上坡又下坡，流淌成岁月的一道美丽的风景。

　　记得是个周末，我清晨起来准备去图书馆。天刚下过雪，路上的人也不多。我天真地认为，雪只有薄薄的一层，应该不是很滑。当时的我是那么坚定，对自己的平衡能力有充分的自信，坚信自己无论如何不会摔跟头。我甚至都认为在雪地里滑倒的人可能只是觉得好玩儿，故意滑倒，所以当我远远看见前面的一位同学在坡道上不小心摔倒时，我心里立刻想着：就这么点雪，至于吗？换作是我，肯定大步流星走过去，绝对不会摔倒。刚想到这里，突然觉得脚下一滑，身体瞬间失去了平衡，我来不及感觉身体前倾、双手着地顺坡而下的丝滑冰凉，脑袋就嗡的一声掀起了"惊涛骇浪"：我，这是摔跟头了吗？怎么可能？

我还是小瞧了这段坡度不大的道路在雪后的挑战性，简直可比天然的溜冰场。自己粗心大意的结果是，我不仅结结实实滑倒了，还后来者居上，非常流畅地超过了前面那同学，几乎快到坡底了，才算以趴伏的姿势稳稳停住。我还在怀疑和困惑中感受着雪地的柔软和清凉，先我摔倒的那位同学已经站起来，一边收拾好自己，一边小心来到我面前儿扶我起来，然后又帮我捡起滚出很远的水杯。我嘴里说着谢谢，瞬间觉得脸红耳热。

以后每到冬天下雪，我都会想起这个瞬间。我的思绪会飘到那个山坡，想起浮山校区的雪和摔的跟头，回忆起校园里度过的春夏秋冬，恍惚中我看见路上涌动的人流，年轻的学生们脸上洋溢着蓬勃的朝气，奔向宿舍、教室和食堂；我的思绪也会顺坡而下，想起教室里老师讲课时我的似懂非懂，想起每天不断上演着的占座传奇；思绪亦会沿坡而上，想起晚自习后在食堂排队等待煎饼果子出锅的美妙心情；最后，我的思绪可以一路狂飙，飘进1号楼402宿舍，看见我同寝室的姐妹们，看见她们定格在岁月里，笑靥如花。

浮山校区，我很想你，又不敢看你！

我们的浮山记忆

李莹

　　有关青岛的记忆，似乎都与我的大学有关。在青岛的第一个家，在香港东路23号，徐家麦岛站，也就是我们曾经的浮山校区。浮山校区没有鱼山校区古朴、厚重，也不如崂山校区宽敞、明静，但关于这里的记忆最真切、最丰富，最令我感动和慨叹。打开大学本科四年的相册，一页一页地翻过去，指尖流动的是青春的旋律，这旋律有高音的激动澎湃，有低音的绵绵细语，灵动的小小音符欢快地跳跃在这曲以海滨的大学青春为主曲调的旋律线上，一路向前，它的节奏，我熟悉得不能再熟悉了。对于其中的每个部分我都如数家珍。与这曲子相依偎的背景图画是我最为宝贵的收藏品，因为它是我大学时代的写真集，宿舍、教室以至校园的每个角落，都有我们青春的足迹，这些图画无法复制，正如时间无法倒流。

　　浮山校区是温暖的。这暖流不是来自海洋的暖湿空气，而是来自我的大学老师。老师们学富五车，温文尔雅，让初出茅庐的我们甚是崇拜，自愧不如。但这些偶像级别的人物却从不让人觉得高高在上、无法亲近，相反，无论在课堂上还是校园生活中，他们既是良师，更是益友。浮山校区有家属楼区，大部分老师住在那里，这就为我们的交流提供了便利的条件。我们与老师的聊天场所可以有很多种。比如，可以在送老师回家的路上，在校园偶遇的一段路上，在"天蓝冰吧"，在新苑餐厅，或者在老师的家里……回想起来，这样的夜晚总是特别快乐；

乍暖还寒的时候，晚上9点下课后，凉风习习，我们一小群文艺青年们，簇拥着一位老师，送她回家，在那段于我们看来好像很快就能走完的路上，你一句我一句地和她探讨文学的话题。在这过程中，大家的表情非常丰富：有的迷茫，有的兴奋，有的深沉，有的总是显出一脸崇拜，有的同学虽话不多但总能语出惊人，被老师称赞有"学术潜力"……宁静的校园里，时而回荡着我们爽朗的笑声。当老师到家后，我们再相互挽着、闹着、笑着回宿舍。直到现在，我依然清晰地记得每位老师与我们在课外交流过的话题，好像这些留给我的印象远比课堂所学要深得多。就这样，学术也渐渐有了温度，它们不再是书本上冷冰冰的存在，而是能够温暖人心的伙伴。

梅贻琦先生曾说过，所谓大学者，非谓有大楼之谓也，有大师之谓也。其实，如果大师们高高在上而不接地气，会让学生们望而却步。写到这儿，就不得不提一提老舍先生了，1934年9月，老舍先生受赵太侔校长之邀，来到国立山东大学，任文学院中国文学系讲师。他热爱创作，源于爱好，也是为了生计。而他每天除了给学生上课、批改作业，还会在家里招待不断前来拜访的学生们。尽管工作比较辛苦，但只要是和学生在一起，都会有问必答，而且语言幽默，极具亲和力，这样的老师谁会不喜爱、不想去和他亲近呢？难怪学生们送他一个雅号——"笑神"。比起今天的"女神""男神"之类，这"笑神"的含金量恐怕要高得多吧。

浮山校区是活泼而有灵气的。浮山虽小，但它的人气指数却不一般。也许正是因为它的小，而成就了它的魅力。无论哪个院系的同学，大家都有共同的活动空间：图书馆门前的小场地、操场以及周边、宿舍楼下的空地、英语角……这些都是校园里比较"宽敞"的场地，同学们常去，就和那儿的花花草草、石桌小凳渐渐熟识了。长此以往，静物也好像因此而有了灵气，听得懂闺蜜之间的悄悄话和学霸背过的英语单词。在这些公共空间里，来来往往的同学彼此也有个脸熟的印象，若是遇到了，会点头微笑致意。在这样的校园里读书，是快乐幸福的，是舒适轻松的。还记得在海滨的夏夜，在图书馆门前空地上，我们欣赏过灵动洒脱的"青春舞会"；在铺着土石的操场上，观看过人气组合五月天的现场版演唱会；在文学院听过王蒙、叶嘉莹、毕淑敏、莫言、迟子建等文学大家的讲座；看海鸥剧社的话剧表演……这些活动总是能受到同学们的欢迎。而活动也没有院系之间的界限，只要是大家感兴趣的活动，尽管参加即可。文娱活动在开阔视野和丰富

课余生活的同时，也不知不觉地做了丘比特，成就了不少美丽而单纯的大学爱情，让扬起的青春之帆更轻盈、更绚丽，驶向远方，是那么的义无反顾。

那时海鸥剧社演出的人气丝毫不逊色于如今的热播偶像剧。导演和演员都是学生，可他们的阵势、出演的剧目却相当专业。当时，海鸥剧社公演之前的每一张海报前，都有驻足停留、记下时间的同学，他们的演出也确实没有辜负观众的热情。那时候，关于话剧我了解并不多，就只是觉得好看。后来，我才从民国的史料中看到，历史上的海鸥剧社，也曾踌躇满志、投身文艺："在贫困的现代中国文艺界中，我们需要有力的戏剧运动是很显明的……要建立新的戏剧的基础，非使这运动倾向于大众不可……我们虽然幼稚，但很愿欲同现代的新戏剧运动携手向着共同的目的前进。在寂静的青岛，我们还不曾见着戏剧运动的萌芽，这样孤独无友的环境，我们感到贫困得很……从今年二月组成以来，经了几个月的努力，我们终得到这一次公演的机会。"从当年报纸的报道中我们不难想象，那只"暴风雨中的海鸥"曾多么骄傲地飞翔过。90年的时间过去，我们的大学也经过历史的变迁，由私立青岛大学而成为中国海洋大学。他们当时公演的剧目《月亮上升》《工厂夜景》，我们已无法看到，但触摸历史的脉搏，静听那激荡的青春的风华与朝气，怦然的力量仍然令人心生感动。

浮山校区临海而立，因此我们的生活少不了与大海的互动。在宿舍的床上，能看见海；在图书馆里读书时能看见海；走在校园里，偶尔向南远眺，也是满眼的大海。春的生机、夏的绚烂、秋的静雅、冬的奔放，四季轮回，它的美永恒不变。天气晴好的日子，海面上碧波万顷，闪烁着星星点点的金光，放眼望去顿觉心中豁然，默默说一句：住在浮山，真好。

在不知不觉中，大海，已成为我们大学时代以至生命中的底色，它的宽广博大与包容，对渐渐走进纷繁世界的我们都是最好的治愈。对于大海，我心中总有一种说不清的情愫。或许，自从进入中国海洋大学校门的那一刻，我就注定与大海结下了不解之缘。它不仅是刻在校徽上的名字，不仅是治学和研究的课题，更是一种学养和气度，也是我们中国海大人共同的精神血脉。

原载于 2014 年 10 月 9 日《中国海洋大学报》

写在毕业的门槛上

韩飞

要不是因为路过 C 区时偶尔听到飘来的伤感歌曲，我甚至忘记了这是一个毕业的季节。

往年每到这个时候，操场上就会燃起团团篝火，篝火旁会飘来忧伤的歌曲，校报上也会涂满对离别的惆怅和对咫尺之遥的社会的期待和迷惘。来到大学经历过几次别人的毕业，似乎年年如此，终于轮到自己毕业了，却似乎一下子冷清了下来。

也难怪，今年本来就不同往常，雪灾、地震带来的大悲大痛已经让人们感情的触角变得疲劳和沉重，谁还会在乎我们站在毕业门槛上的一小群人的小小的离愁。的确，我们的这点小情感在生命的凋谢面前实在是太渺小，渺小到连我们当事人都不好意思在这个时候把它拿出来说事。但是，我们要走了，即使是悄悄地走，总要道一声别吧。

说实话，初来时，我和许多同学一样，也有些失望。校车先是把我和送我的

父亲、哥哥拉到了鱼山校区，鱼山校区绿树成阴、繁花似锦，俨然一座欧式小花园，还有一个塑胶操场。我们都很满意，心里正喜滋滋的，司机师傅说话了。他说了一串学院的名字，这些学院的学生在此下车，其他人还得接着上路。

下车第一眼看到浮山校区，觉得大学不过如此，全然不是想象中的模样。之后的几天这个校区向我展示了它的全貌。它，小得像所中学，没有辉煌的建筑，有的是台阶和斜坡。就连学生会组织的迎新晚会上，学长都说，你们最大的挑战恐怕不是初离开家的不适应或者是初到大学的迷茫，而是这里简陋的条件。

但是这些印象并没能在记忆中停留太久，在这里生活得越久，就越能发现它的可爱处。这个校区的确很小，但小有小的好处，十分钟之内你可以从校园内的任何一个点到达另外一个点，而不需要借助任何交通工具。这个校区少见骑自行车的，一是地形不适合，二是根本没有在校内骑车的必要。据说有的学校到餐厅吃饭骑车要十几分钟，甚至有的学校在校内还得搭公交车，相比较而言，这个校区虽小，但节省了时间，降低了迟到的危险，而且地方虽小，但是五脏俱全，该有的这里大致都有，并不缺少哪项功能。

另外，这个校区有一个大大的好处，就是依山傍海、钟灵毓秀。校园里几乎随处可见大海，海上风云变幻，一年四季总能看到不同的景色。一湾海水、两座孤岛、几片翻卷的云朵以天空的湛蓝为底色，组成了一张硕大无比的壁画，垂悬在浮山校区的南门外，这是上天赐予海大人的眼福。

天气晴好的时候，打水时路过惠生店楼顶的小路总能看到有人驻足向海上张望。顺着他的目光望去，这一汪海水就平展展地铺在眼帘底下了，真怀疑这里就是李白诗里的神仙岛了。望着这样的无际，心胸怎能不开阔，性情怎能不放达！我的寝室很幸运地被分到了 7 号楼 2 层，拉开窗帘就是一窗海景，我们都戏称这是史上最便宜的海景房，这里盛满了我四年的快乐和忧伤。

雨后天晴的日子，在 C 区楼顶从柔媚的大海上收回目光，回首就能望见挺立着的浮山了。浮山校区的海大人都是爬过浮山的，这是体育课的必修内容，从山顶望下去，发现浮山校区只不过一个棋盘那么大。整个香港路也尽收眼底，车流像缓缓爬行的小虫，还可以看到海尔路那边的麒麟大酒店。

而从楼顶看山顶，有更胜一筹的景致，浮山顶上云雾缭绕，像是戴了一顶白布帽子，英武豪迈，更添了几分神秘的色彩。曾经听人说过，"云压浮山"是青岛一景，不知确否，果真如此的话，我认为也不为过。

　　浮山是海大人的风景，也是海大人的骄傲，而于我，浮山却有着特别的意义，它在我的一段人生旅程中曾经毫不吝啬地给予了我力量。

　　那是去年我准备考研的时候，我给自己定下了时间表，每天早上 5:20 起床，不到 6 点就赶到操场，先跑上几圈，再到看台上去读书。说实话，一年时间坚持做一件事不是很容易能做到的，需要很大的毅力。操场和浮山咫尺之遥，每天跑步的时候，浮山都在骄傲地注视着我，守望着这个每天准时来到这里跑圈的小伙伴。渐渐地，我也注意到了它，我心里暗自发狠，浮山不动，我就不动，我就每天早起，我就坚持到最后！结果，浮山没有动，它每天都像前一天那样默默地注视着我，这让我心里很平静，我也像前一天那样进行我的考研复习，就这样一天一天地坚持到了最后。我感谢浮山在我人生的关键时刻守望着我、激励着我，这些对我都是弥足珍贵的，我无以为报，只能在离开海大校门的那一刻再回头深情地望它一眼——像作别一位老朋友。

　　即使操场上再不燃篝火，即使这不足两千字的糊涂文字上不了校报，我们终究是要走了，时间早已为人生划定了界线，南下的列车会在初夏的斜阳里默默地等候着我……

原载于 2008 年 6 月 19 日《中国海洋大学报》

再见，浮山

赵忠煜

　　在这样一个特别的冬天，很突然地接到通知：明年三月，我们就要离开浮山校区，搬到崂山校区了。虽然很是向往崂山秀气的小山，羡慕那里风景如画的环境，可是，当听到这个消息时，离别的辛酸顿时汹涌澎湃，对于这个居住了两年多的地方，就像自己的家一样，是那么的不舍。

　　犹记第一次来到这里的时候，沿着曲折的小路，沿着一个高坡，每个人像蜗牛一样，背着巨大的行李箱，慢慢地爬着大坡。当我们累得气喘吁吁时，抬头一看，峰回路转的感觉，高处隐藏的高楼就那么屹立在面前，没有嘈杂的人语，秀气安静。当时正是层林尽染的秋天，校园披上了红的衣衫，我们在树下尽情嬉戏，留下青春的印记；不大的图书馆是我们心灵栖息的港湾。还记得新苑餐厅下炊烟袅袅的包子铺，冬天早晨总有成群的同学在这里吃早饭，氤氲的雾气让整个校园热气腾腾；写着"同学您好"的浴室门口，"销售手机卡""寻物启事"的小纸条随风飞舞；南门口刻着"濯浪"的石碑，时刻提醒着我们要有"长风破浪会有时，直挂云帆济沧海"的豪情壮志；旁边的小池塘纵然没有"潭中鱼可百许头，皆若空游无所依"的神韵，却也有"一寸二寸之鱼，三杆两杆之竹"的雅致，春暖花开之时坐在这里，倾听花开的声音，细数游鱼的乐趣，也是极好的享受。还有那树木稀疏的小路、晨读的凉亭、楼顶飘扬的五彩衣服、操场上锻炼的同学们……一切都那么熟悉，也曾那么不引人注意，在我们即将离开的日子，却忍不住再走一遍、看一遍：霜花满树的失落，白雪纷飞的遗憾，浮山的一树一花，都让我们激动不已。

当春又来，我们到哪里去看红豆开？秋又至，我们到哪里去看枫叶红？冬又近，我们又到哪里欣赏雪落浮山？我们的研究生生活从这里开始，却不是从这里结束。这个再普通不过的校区，伴我们走过了人生最难忘的日子，让我们再看一眼那条通向宿舍的小路吧，让我们再品尝一次餐厅的美味吧，让我们再回顾一下图书馆的自习室吧，让我们再抚摸一下大门前的校牌吧……我们将带着太多的留恋、太多的记忆，踏上新的旅程。

在离开的那一瞬间，忍住即将流下的泪水，心里默默地念着：我们的梦从这里起飞，相信多年后，我们一定还会带着实现的梦想相聚浮山校区，细数曾经的点点滴滴，那将是最美好的时刻。怀着深深的祝福和依恋，说一句：再见，浮山！

原载于 2010 年 1 月 21 日《中国海洋大学报》

穿行在浮山与崂山之间

吴欣欣

近日去崂山校区，简简单单半个小时车程，没想到竟也收获了满脑子的思绪……

一路上海岸线很安静，石老人看起来那么安详、舒展、悠然自得。微微的海风，吹起层层白的浪花，像是细碎的裙角。时不时出现的人影则像是其上的点缀，一个一个，很安稳的样子。

途中的绿树中甚至还有一棵老槐树，长得如同童话里的一般，粗粗的干，枝丫却少，只是在其顶部有甚为浓密的一簇枝叶，站在在建的一幢高楼前面，像是两个世界被不小心并置在了一起，穿越了时空。

忽然想起自己校园里那棵小槐树，就在一个拐角处，人来人往之地，它并不显眼，只是静默地立在拐角。但若驻足一看，便能发现它的妙处。秋意渐浓之时，它的叶子颜色渐渐协调，浓绿中泛黄的颜色并不鲜嫩，却别有一番安然。衬上它那娇而不弱的枝干，俨然一副小家碧玉初长成的模样。

而校园里的几棵银杏树，绿色的叶子已然镶上了金黄色的边儿，仔细看来，也不是金黄色但也非枯黄，是那种怡然的黄色，散发着通透的气息。早晨去教室的路上，听到旁边父与子有趣的对话："这是银杏树，很珍贵的。""既然那么珍贵，为什么会长在这个不起眼的角落？"

闻此，不禁欣然而笑。这，大概就是银杏树的可贵之处吧，在郭沫若先生的笔下，它是内敛的，不是张扬的，长在民间，却向人们呈送着不尽的益处，是颇值得赞美和珍稀的品质。

崂山校区迎面而来时，心内也颇为触动。那是种大气与清秀的结合，宽阔的路，轩昂的楼，让人看着很舒心。这个校园里也不乏让人心旌荡漾的风景，有着层叠的韵致，小桥流水、依依杨柳、静的睡莲、探出水面的荷花和莲、卵石铺就的甬道、树荫遮蔽、环绕小湖的木板小路……

因为已是秋季，小湖上的荷花并不繁密，只见稀稀疏疏几株，但也唯此才更能打动人心。但见那一株红色小荷独独高出水面，很倔强的样子；睡莲只是那么玲珑的几朵，粉红的、纯白的，像是莫奈笔下那种颜色冲破了画纸，流淌晕染到了人间，在眼前立刻鲜明立体了起来。

图书馆有大大的窗户，很令人宽心，窗外是静默的山，山浸满了饱和的松绿。整整齐齐排列的书、满满当当的书籍、古色古香的桌椅，俯身坐下去，翻开一本厚厚的诗词，瞬间字里行间的诗意跃然而出，整个身心都融入进去。

归来的途中，一路看着日落，风从开着的车窗涌进来，浓而凛冽。天色与夕阳的鲜红相互映衬，一直涌入人心底。看着脸儿通红的夕阳，很乖巧地依着陡峭突兀的浮山，天边的夕照是很纯粹的颜色，但不是晶莹剔透的那种，有一些迷蒙和暧昧，仿佛那山间的静谧也化成了颜色，细细腻腻地散在了空气中，皱起鼻翼，轻轻一嗅，一股安静有些神秘的气息盈满整个心扉。

车门打开，走下车，又见素颜朝天的浮山校园，与崂山相比韵致少了些，但是面对它的亲切与平和，微笑还是不禁在嘴角绽开来……

原载于 2009 年 10 月 15 日《中国海洋大学报》

浮山往事

呼双双

　　中国海大，凭海而立、因海而兴，四个校区学脉延沿。西海岸校区启用之前，我固执地认为，只有浮山校区所处的位置最能代表海大。不仅仅因为这是我学习生活工作了21年的地方，而是在鱼山、浮山、崂山三个校区里，只有浮山可以看海。

　　1995年，我收到学校的录取通知书。关于学校的第一印象，只有"濒临黄海"这个表述还会时不时跃入脑海。那时学校还是青岛海洋大学，当时很多人并不知道海大有了分部。到学校报到时是我第一次到青岛，也是第一次乘坐火车离开家乡"出远门"，尽管距离不过一百余公里。

　　报到的前一天晚上，在青岛的亲戚带着我们去第二海水浴场"洗海澡"。他们说夏末青岛海温最高，是下海最好的时节，我却因为坐了亲戚开着空调的轿车晕车，胃里一直翻江倒海。虽然他们为我特别安排了一个年龄相仿的小姐姐耐心教我游泳技术，但我并没能领悟要领，还呛了水。这大概是我在青岛生活了近30年都没能学会游泳的缘起。

　　第二天，我们沿着湛流干路（现在的香港东路）来到麦岛分部报到。校园依起伏的山势而建，面南背北，倚山濒海，视野无敌。沿着校门外斜对的小路向南不到一公里就是黄海。当我在大三上课时听到老师讲海子"面朝大海，春暖花开"时，内心难掩激动，这就是海大的样子啊。

报到完毕，很快就开始了军训。我们在操场的煤渣跑道上练队列，"天苍苍，野茫茫，风吹草低见牛羊"，伴着队伍嘹亮的号子，我竟有了策马奔腾的豪迈之感。训练科目里有实弹打靶，校外步行拉练5公里后来到海边的一处场地，每人两发子弹，我很认真地完成了动作，结果两发全部脱靶。朝夕相处两周，分别时同学们与教官依依不舍、洒泪挥别。后来，我们宿舍给教官写了几次信，还应邀去部队看望了他们，共同战斗的情谊感念至今。

校园并不大，面积跟我的高中学校差不多。由于刚刚启用，基础建设和绿化还不尽如人意。从宿舍向东南角望去，操场掩映在一片荒草野花之中，偶尔会有山羊在那里吃草。校门正对着的建筑是唯一的教学楼，中间是图书馆，A区和B、C区分布两侧。课余活动比较单一，没有智能手机，没有游戏、短视频，大家为打一个电话四下寻找公用电话亭，可"朋友圈"真实、亲切、温暖，找老乡聚会唠嗑、打扑克俨然是课余标配。经济条件受限，外出聚餐比较小众，到电影院看电影更是奢侈。没课的晚上或者周末，去大麦岛村市场的录像厅，花2块钱看一场DVD电影或者转播的NBA比赛成了业余文化生活的流行密码。教学楼A区301是当时唯一的大型教室兼多功能室，有大约150个座位，我们简称其为"大活"。周末会放映电影，免费观看，成了我们"网红打卡地"。1998年春末《泰坦尼克号》上映时，整个A区变成了欢乐的海洋。组织方有饮料赠饮，我第一次喝到了香气浓郁但味道怪异的咖啡。那时的莱昂纳多还是名副其实的"小李子"，凯特·温斯莱特的婴儿肥让我觉得她配不上杰克。那时的我们谈及爱情总是羞涩……15年之后3D版上映，泰坦尼克号上的爱情还未靠岸，这个世界已经沧海桑田。

宿舍楼和食堂建在校园最高处。我们入住的三号楼墙面总是泛着潮湿，尽管已是夏末，被褥、衣服放在柜子里很快就散发出浓烈的霉味。大二时搬到了南面的二号楼，从向阳的宿舍窗户望出去，不远处的大海一览无遗，海面平静而神秘。四年三迁，从一楼到三楼再到五楼，好在行李不多，不像今天需要断舍离，轻装之下倒也不很辛苦。卡带收放机人手一台，除了外语练听力，就是听歌。无数个异乡的夜晚，随身听播放的音乐让或孤独或平静或欢欣的日子有了旋律。听得多

了，即便没有音乐细胞也能哼上几句，对歌曲和歌手更是如数家珍。再听《加州旅馆》，必须是现场版，仿佛观众的掌声和欢呼声才是这首歌的灵魂。20 世纪 90 年代是华语音乐群雄逐鹿的十年，离我们远去的那个时代，因为音乐的陪伴，留下了青春珍贵的印记。

1997 年，香港回归祖国怀抱，举国欢腾。这一年，校门前的湛流干路和西面的湛山大路更名为香港路，五四广场建成开放。学校周边开设的公交线路也逐渐多了起来，11 路不再是出门去台东的唯一选择。从大麦岛迁到青大一路的四平熏肉大饼依然是老太太掌灶，空间扩了一倍，价格和味道一如从前。

转眼间就到了毕业季，尽管一入学我们就知道赶上了国家招生并轨改革元年，但统招统分模式骤然结束，需要自己去找工作的焦虑还是紧紧攫住了每个人的心。那个 5 月，北约悍然轰炸我驻南联盟大使馆，大学时代在愤慨和抗议中徐徐落幕。小小的只能显示数字和有限文字的 BP 机开始连接起人与社会，没有手机、没有微信，只有写满祝福的毕业纪念册，四年同窗转身天涯，各自为安，相见遥遥。

校园广播在西海岸校区响起的时候，我走在花影婆娑、尚未成荫的海棠边，青春的相约你来我往，青春的旋律低徊不息。

2023 年 7 月，浮山校区全景

3 崂山校区

崂山校区位于青岛市崂山区松岭路 238 号，东依崂山，北临九水东路，南为海大路，校园总占地面积 1640 余亩。崂山校区 2004 年奠基启动建设，2006 年 9 月启用，学科布局以海洋科学与技术学科群和人文社会科学学科群为主。

■ 于斯为盛

2002 年 6 月，学校与崂山区人民政府签订建设海大新校区协议。根据协议，学校在青岛市崂山区建设新校区，新校址位于松岭路以东、李沙路以南、张村河以西，规划占地 1830 亩。崂山校区建设概念设计等一系列前期工作相继启动。

2003 年 1 月，崂山校区概念规划设计竞赛结果揭晓。

2003 年 8 月，崂山校区规划设计方案进行公开展示并接受专家及师生代表评议。

2004 年 10 月 24 日，崂山校区奠基。

2005 年 8 月，教育部部长周济考察崂山校区建设。

2006 年 9 月 17 日，崂山校区启用。

2007 年 5 月，崂山校区图书馆开馆。

2008 年 3 月，行远楼启用，校部机关入驻崂山校区。

2014 年，文科院系区全部建成投入使用。

2017 年，海洋科技大楼建成。

2022 年，中海苑学生宿舍区投入使用。

2022 年 8 月，工程学院、材料学院和信息科学与工程学部部分学院迁出崂山校区，入驻西海岸校区。

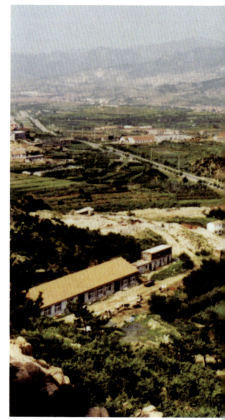

1　崂山校区原始地貌（北向）
2　崂山校区原始地貌（东向）

1

1　2002年6月29日，学校与崂山区人民政府签订建设新校区协议

2　2002年7月11日，青岛市领导与学校领导研究新校区建设事宜

3　2003年8月，学校老领导及教师代表对崂山校区规划设计方案进行现场评议

2

3

1 2004 年 10 月 24 日，崂山校区奠基
2 2005 年 3 月 3 日，学校党政领导考察崂山校区建设
3 2005 年 8 月 23 日，教育部部长周济考察崂山校区建设

2

3

1

2

3

4

5

6

7

8

1 2005 年 5 月，理工科院系区建设现场

2 2005 年 8 月的理工科院系区

3 2005 年 8 月的学生宿舍区

4 2005 年 11 月，建设中的图书馆

5 2005 年 11 月，建设中的公共教学区

6 2005 年 11 月，建设中的学生宿舍区

7 2005 年 11 月 13 日，学校召开崂山校区建设专题会议

8 2005 年 11 月，学校党政领导考察崂山校区建设进展

1　　　　　　　　　　　　　　　　　　2

3　　　　　　　　　　　　　　　　　　4

1　2006 年 7 月 15 日，崂山校区班车首发

2　2006 年 7 月 15 日，后勤服务工作全面启动

3　2006 年 7 月 22 日，鱼山校区、浮山校区部分院系首批入驻崂山校区

4　学校领导检查搬迁工作

5　2006 年 9 月 2 日，崂山校区迎来首批新生，图为迎新现场

6　学校领导在迎新现场检查工作

5

6

1

2

1　2006 年 9 月 7 日，校区全貌（东向）

2　2006 年 9 月 7 日，校区全貌（北向）

2

3

1　2006 年 9 月，崂山校区校园景观

2　2006 年 9 月 17 日，崂山校区启用典礼

3　2006 年 9 月 17 日，开学典礼暨军训阅兵式

中国海大校园图录（1924—2024）

1　2007 年 5 月的行远楼和行知楼
2　2007 年 8 月，建设中的体育馆
3　2007 年 5 月 26 日，图书馆开馆
4　2008 年 3 月 31 日，行远楼启用

3

4

1

2

3

4

5

1 2008 年 10 月，体育馆钢结构施工
2 2009 年 3 月，海洋工程实验室
3 2009 年 4 月，文科院系区
4 2010 年 7 月，松岭路校门
5 2011 年 1 月，校园全貌

1 2012 年 11 月，文科院系区二期

2 2014 年 7 月，校园鸟瞰

3 2015 年 9 月，海洋科技大楼

4 2021 年 11 月，中海苑学生宿舍区

3

4

2021 年 11 月，校园全貌

▪崂山岁月

校园傍山，观山色变化，大约可知季节的轮回。

三四月，草长莺飞，万花吐蕊，千枝竞秀，盎然的春色不经意间已经是满眼满怀。远山水墨写意的底色，悄悄起了变化，青绿、淡粉、粉白，如云缠山腰，如雾挂树梢，丰富山的层次，点染山的色彩。樱花树下，赏花人的脸色红润了、眼睛有神了、脚步轻盈了，嘴角上弯，一个微笑也意蕴深远！

花一树树开，一片片落，阳光送走人间四月，几多不舍。五月六月，蔷薇开过，海风依旧微凉。轻粉飞白褪去，青绿浸染，远山含翠。风拢雾而来，浓绿随风飘摇，如大海碧波，昼夜不息。

七月在野，八月在宇，九月在户，樱花大道石阶旁，秋虫儿一直在唱。太阳日渐远去，天空蓝得深邃。梧桐大道有叶落下，秋日来临。校园与山褪去逼人的浓翠，变成黄、红、橙色……是收获的颜色，是温暖的颜色，也是告别的颜色。看远山，层林尽染，从容而热烈。

最后一片秋叶什么时候落下，没人知道，远山严肃起来，仿佛不苟言笑的老者。风从山里来，掠过屋顶和树梢，路上行人匆匆。五子顶不再柔媚，一天天冷峻沉默，山石坦露，与人们一起，等一场冬雪，看山舞银蛇。

四月

校园花事

海风

四月，基本可以看作青岛天气的一个分水岭：因为地理位置偏北，在此之前冬天的余威尚在，经常会有冷空气南下带来降温，一般来去匆匆，北风呼啸整晚，第二天开窗，大多会是天晴日暖的好天气，但气温又会降下来不少；进入四月之后，天气才会真正一天天暖起来。很多北方内陆城市，比如济南，进入四月以后气温会快速跃升，让人感觉春天来得有些局促慌乱。青岛由于靠近海边的原因，几乎整个四月最高气温会在 20 度上下起伏，所以只要你足够细心，可以充分感受春意在周围浸润弥漫的整个过程，欣赏大自然从严冬的"默片"到声色兼具的大戏的精彩。因此，青岛的花事虽与大多数北方城市相比略有变化，但万物静默成谜，自然自有秩序，你只要注意看花就知道，又一年的春天，已经来了！

因为工作的原因，我似乎对天气的冷暖、环境的变化有一些特殊的敏感。每年新年一过，天气日暖，就会时时关注花开的信息、春来的节奏。有朋友说，同样的环境、同样的花季每年会有什么不一样吗？这个问题真的很难解释清楚，我只能含糊地说："时移事易，物是人非。"其实我对花并没有多少研究，对于青岛植物界有多少花的种类更是知之甚少。然而在日常工作中对校园的花多少有些较为仔细的观察，姑且约略记之。

开得最早的当为蜡梅，好多人以其开在农历腊月而名之为"腊梅"，谬也。早前我以为蜡梅之所以得名是因为花表有蜡质，其实只是花为黄色且有光泽似蜡而已。蜡梅在北方是经常见到的，四个校区均有种植，崂山校区散处于行远楼、教学楼等周围的绿化带，只要耐心去找，很容易看到。蜡梅花期很长，在漫长的北方的冬季，万木待春至一片萧瑟之气，只有蜡梅用阳光下明艳的黄色装点了无趣的冬日天空。找一个冬天或者初春无风且天暖的日子，走在路上，如果突然嗅到丝丝缕缕的清香，那多半在附近有一棵蜡梅在盛开着，如果你有耐心去寻找，就会在某个街角墙后屋檐下会发现它，满树小喇叭形状的金黄色的花朵，像在呼唤，又像在歌唱，馥郁的香气，浓而不烈、香而不腻，既向人们昭示它不事张扬的外表下隐藏的生命力，又不至于使人不耐受而敬而远之。如果恰好碰到下雪，又是另一番景色，金黄色的花朵上披了白衣，又要多增几分妩媚和妖娆了。只是冬日天寒行人稀少，蜡梅似乎开得寂寞了些。等到东风渐起、万物初萌，人们走出户门享受春暖的时候，蜡梅花期已过，再加上百花将红、千柳渐绿，还有谁会去注意到本就不显眼并已近残败的一丛丛蜡梅花呢？

都说人间四月天。到了三月底四月初，春天的气息就一天天浓起来了，远山的颜色开始变化，湖面上漾起了微澜，太阳一天比一天明亮，风也软了许多，柳枝在风里不安分地扭动着，仿佛下一刻就会跳出万点新绿……先别急，迎春花才刚刚开呢。"迎春"，这名字取得好，骨子里似乎有一种按捺不住的雀跃，这个时候走在路上的人们，不期然看到迎春亮黄色的小小的花朵在微冷的风里绽放，眼睛在一瞬间都会放出光来，不由自主地说："啊，迎春花都开了呢！"心里多了一分欣喜与快乐，嘴角上弯，微笑都是春天的样子。迎春花耐寒、耐旱，对生长环境没有什么太高的要求，树下、墙角、道边，哪怕砖缝石隙，只要略有薄土即可生长，甚至不用刻意去种它，所以平时见到的迎春多不成规模，东一丛，西一束，星星点点，长柄单瓣，色彩亮黄，在拂面犹寒的风里摇曳，向人们宣告春天已至的消息。作为春天的信使，迎春花开得恰如其分，如黎明前的朗星，大戏开场前的鼓点，又如为正餐准备的点心，是启明的灯，是开胃的酒，是序章，是前奏，是铺陈，点到即止，恰到好处！迎春花花期也很长，断断续续一直到四月底，弯弯的枝条上已经缀满了新绿，还有一两朵懒散地开着，不过此时春的乐章已是尾声，这报春的鼓点儿，生生赖成了伴奏，在整个热闹的春天里，都隐约有着它

的节拍。

　　迎春花吹响了春天到来的集结号，各种花儿都赶场似的开了，毕竟花期就那么长，而青岛的春天结束得让人猝不及防，不抓紧时间，很容易错过，梅花、连翘、玉兰、杏花、樱桃花……莺莺燕燕，黄白粉红，在一阵紧似一阵的暖风和一天暖似一天的艳阳的催促下，在晴空下和滋润的眼眸里开起来了，颇有些"乱花渐欲迷人眼"的味道。鱼山校区水产馆楼前有一棵玉兰，树型端庄，花如碗盏，其色纯白，盛花时节冠盖如云，伴着老楼红顶、夜灯书香，更妙的是这棵玉兰树干主枝修直，向着天空的方向尽情舒展，而到了树枝的末端，偏偏是弯弯曲曲的形状，似乎一句高亢洪亮的歌吟到了末尾，要以曲折悠长的颤音结束，像极了古典装饰里的云纹，而白的无一丝杂色的花朵生于其上，似乎不堪其重，一阵风来，却又飘然而飞，如舞者的裙裾，又如云端的青鸟……立于树下，把脖子扭成直角，看这满树的繁华，闭上眼睛，仿佛立于高原之上，视野里只有雪山之巅白云飘飘，刹那间物我两忘，神游万里。崂山校区也有玉兰花，品种很多，白玉兰、紫玉兰、二乔玉兰、飞黄玉兰，还有五子顶东坡的一片绚丽玉兰，似乎是为了给赏花人增添"寻寻觅觅春来处"的乐趣，处处都有，就看你有没有耐心，会不会为那一树芳华停下脚步。与玉兰花相应和的，还有后山的杏花。杏花在五子顶东坡，应该是征地建校前的遗留，估计该有几十年的树龄了。由于疏于管理，杏树的周边杂树丛生、藤蔓纠缠，也正因为如此，几棵老杏树得以自由生长，老枝枯去新枝又发，渐渐长成自由放肆的样子。每年三月底四月初，大多数的树木仍在沉睡，藤蔓尚未萌发，杏花仿佛一夜之间就开得如火如荼，在尚且荒凉一片的后山，绽放出最美的春天。我喜欢这里，一直如此。首先是因为安静，由于山的阻隔少有人至，远远传来的各种噪声都成为风声鸟鸣的背景，什么也不做，就静静地坐在树下，一树繁花，碧空如洗，山似眉黛，虽立于方寸却仿佛拥有了整个世界。近几年几棵杏树渐成老态，似乎有英雄迟暮的意味。去年从朋友处借得手锯，将老树周边杂乱的灌木略做清理，也曾想如果将周边环境加以整治，除杂木，铺石径，名之为"杏坛"，供三五好友闲暇休憩交流，临风看云赏花，与远山静默相视，岂不甚好？奈何此事非一人之力可行，只得作罢！我只希望这几棵老杏树能多坚持几年，没有了它们，后山的春天将少了许多趣味！

校园里有小山，名曰"五子顶"，一南一北两个山头，南山西侧可观日落，北山东侧可赏日出，一月中有那么几天，可以在山顶上看到日落月升，或日升月落。这里所谓的后山，是山的东边，因为没有太多建设，大致保留了自然的模样，多少有些野趣！后山的杏花花期不长，因为它们还要忙着结果子。等到杏花洋洋洒洒落了满地，山的西侧大路边，早樱就热热闹闹地开了。早樱因花瓣单层，又名单樱，蔷薇科樱属，早在秦汉时期樱花在中国宫苑就有栽培，汉唐时普遍出现在私家庭院。校园里的早樱多为初建校时所植，至今已经18年有余，从初时不足一握，到现在很多已粗可及幼儿环抱，树冠舒展交错，花开时如层云流转，遮光蔽日，故有"五子樱云"之说，然语言或者图像都不能穷尽其美，你只有亲见才可以。所以这个季节也是校园里最热闹的季节，花下游人如织，特意来赏花或者有闲暇的人儿，都在樱花荫里流连，即使匆匆走过的行人，也会为之偶尔驻足，面对这春天的至美盛景，任谁也做不到视若无睹。早樱的盛花期在一周左右，前后大约有半个月的赏花时间，四月中旬，花期已尽，一阵风起，雪白的花瓣如飞絮如飘雪，纷纷扬扬，优雅从容，宛如梦幻一般。早樱落尽，路另一侧的双樱又粉墨登场。据资料，校园里的双樱主要有关山樱、菊樱等品种，偶有淡绿色郁金樱，被观者引以为奇。从颜色上看，多为红色和白色，红色为关山樱，花浓红色，花叶同生；白色为菊樱或樱月樱，个人比较喜欢白色的双樱。菊樱花苞时为红色，

开后花瓣为白色，待到落时又复为红色，因此在一棵树上，经常看到红白相间的花朵层层叠叠开在一起，色彩富于变化，不像单樱或者红色的关山樱，颜色相对单调了些。从花型上看，以前我更喜欢单樱，因为单樱单瓣，更显轻盈飘逸，而双樱则略有厚重繁复之感。后来年龄渐长，观念有所变化，单樱可能更适合远观其全貌，审其细节则有些单调苍白；而双樱呢，远观密密麻麻的一团令人目眩，而近看局部，花瓣间色彩明暗过渡，明显要比单樱生动活泼、细腻丰满很多，真的让人体会到什么是秀色可餐。不信？你看那一层一层的花瓣，从纯白到淡粉到飞红，泛着柔柔的光泽，一阵微风吹来，色彩在变化，光影在流动，不仅吸引着你的视线，同时勾引着你的味蕾，让人恨不得咬上一口，尝尝它的味道，让春的汁液滋润我的喉咙，莫怪我，谁让你开得那么柔腻呢？从这个角度而言，双樱相比单樱略胜一筹，单樱多少带了一点儿不食人间烟火的仙气儿，轻盈单薄、苍白清冷，可远观而不可亵玩，让人敬而远之；双樱呢，明显可爱许多，有一些慵懒无赖之气，惹人亲近，正与暮春初夏万物勃发之气相应，更积极健康了些。

就这样满园芳菲，很快就到了四月底，天气一天天热起来，路上行人的脚步也匆忙了许多，被太阳的热情追逐着，没有了漫步赏花的闲情，偶尔去看一眼昨天还盛开着的双樱，已然是"落樱缤纷"了。双樱落的时候可没有飞花乱舞的盛景，基本是大朵大朵地往地上掉，大概是树知道春天要结束了，春天的柔花难耐夏日的艳阳，况且枝条中鼓动的生命力由不得花继续留连不去。如果碰上有风的天气，很快地上就有了厚厚的一层，而且花落的时候姿色尚存，落到地上如云锦似绛雪，另有一番可观的景致。不过一两天的工夫，一排排的双樱树就干脆利落地褪去了华服，换上了翠绿逼人的夏装，此正是：双樱四月芳菲尽，人间从此不赏花。说不赏花一是因为到了五月，天气日渐炎热，赏花本是乐事，搞得香汗淋漓就意境全无；二是春天已过，大部分花都开完了，开始一门心思野蛮生长，有的还要结果、留种，为繁衍生存努力，至于赏花的人也要开始干正事儿啦，精神上的愉悦要有个度，总不能天天风花雪月、不思上进吧。

虽然如此，花事并没有结束，五月蔷薇六月莲，七月荷花八月桂，到了九月十月，则是菊花的天下了。就说蔷薇吧，柳荫水畔，开起来也是非常可观的，可要赏的话走在路上远远地看一眼就可以了，一则是因为天热，二则是满株的棘刺，离得近了一不小心不是刮破了衣衫就是划伤了皮儿，活脱脱一个花中熙凤，还是敬而远之的好。至于莲花，映月湖里密密麻麻，不知水的问题还是花的问题，总没有风过莲影动的韵味，而且盛花期的莲花上总爬满各种飞虫，为人所不喜。荷花则少有，伶仃落寞，在一片挤挤挨挨的睡莲中间，很委屈的样子。除了这些，还有不少野花也大有可观。在后山有很多与蔷薇同时开放的野花，名为大叶金鸡菊，似乎为外来物种，对生长环境适应性极强，经常大片大片生长，远远可见，非常壮观，也比蔷薇易于亲近。虽然学者说外来物种的入侵影响了本地物种的生长，然此花生处多为贫瘠的荒野，没有多少开发利用的价值，其花开其实也是一种风景，更何况适者生存本就是自然规律。

除此之外，还有很多容易被人忽视的野花，蒲公英、紫花地丁、车轴草、苦菜花等等，春天归万物所有，人们竞相追逐于人为栽植的观赏花卉，并不影响各种小野花自顾自地开着，毕竟自然的事，与人何干？

说了这么多，无非是花花草草，可能会有人说小赏即可，不可耽溺以至丧志。其实，正是一年好时节，当不负光阴不负春，春天正是万物萌发、昂扬向上的季节。有道是花当应季，人当应时，我们赏花踏春，无非是从这自然的节律中感受美好，从中捕捉生命的真谛，并由这美好激发自强、向上的力量。即便仅仅愉悦身心，也是有积极的意义的。

樱花四月枝头俏

任燕涛

　　不知不觉，已在海大度过两载春秋，看过了海大不同时节的景色，对校园的一草一木都有着不可言说的亲切和熟悉。

　　海大的美在不同时节有着不同的体现。春季来临，此时严寒尚未退去，树枝还是光秃秃的，小草刚刚要变颜色，迎春花、桃花、梨花渐渐开始孕育新鲜的花骨朵，柳树开始慢慢地在风中摇曳枝丫，别以为这样初春的海大就没什么好看的了，只要草坪中的喷灌机开始浇水作业，你就会在早上或是傍晚，看到一棵棵树、一片片草，在夕阳余晖的折射下，晶亮而优美。

　　一到四月，校园似乎一夜之间就披上了绿色的外衣。迎春花肆无忌惮地绽放着属于自己的色彩，玉兰花开始一朵两朵地盛开，串串红开始吐露芬芳，装点着四月的海大。河边垂柳的柳枝似乎快要伸展到河面上了，柳枝上的叶子嫩绿嫩绿的，细长细长的，微风一吹，便开始随风翩然起舞。草坪上一片生机盎然，草儿长得又绿又密，比初春时节壮实了许多。

到了秋季，依然有夏日的绿色，只不过樱花不在，玉兰也已经衰败，但是柳树和草地依然是碧绿碧绿的，而且这时候的枫叶渐渐变红，点缀着一种别样的美。河水流淌的声音清脆干净，天空总是碧蓝碧蓝的，云朵一大片一大片的，像棉花一样，好像你只要伸手，就能摸到，又好像只要那云再多一点点，就会不堪重负坠下来，落到你的身上一般。

到了冬季，在海大感受最深的，肯定是风。青岛的冬天经常会刮起北风，整天都是呼呼的北风在咆哮。校园由于靠近崂山，风尤其大，而且是三百六十度旋转无死角的立体风，若来青岛，没有感受过青岛冬天的风，那也是不完整的青岛之旅啊。走在路上，风会吹得人睁不开眼睛，行人匆匆，而且大家都围着围巾、戴着帽子，一为保暖，也怕风把发型吹乱。此时的植物大部分都已进入休眠阶段，只有松树绿得那么显眼，松针还没开始变得坚硬，还不会扎手。

一直都觉得四月的海大是最美的，不为别的，只为这一树树一簇簇绽放的樱花。漫步在校园中，你随时可以见到在樱花树下留影的人，脸上都洋溢着快乐、幸福的笑容。我每天都要观赏一阵子樱花，前一天还只是花骨朵，第二天再来看，就已绽放，就是这么神奇，真的是一夜就已绽放，美到极致，这样精灵般的樱花怎么能不招人喜爱。樱花盛开的时候都是一簇一簇的，每个花边都是小小的扇面形状，花蕊总是怯生生的，颤颤地依偎在花朵的最里端，花心长得小巧可爱，顶端有一个粉色的凸起，与花蕊不同的是，花心总是努力地向外伸展身体，似乎也想好好看看外面的世界。樱花的花期不是很长，但是在有限的花期内，依然尽力地绽放着属于自己的光彩。图书馆这边的路上一边是白色的樱花，开得比较早；一边是粉色的樱花，开得稍微晚一些。但不论是白色的还是粉色的，都透着一股可爱劲儿，特别是微风吹过的时候，简直是摇曳生姿啊。

有风的时候，樱花便开始随风翩然而舞。有的俏立在枝头上，来来回回地上下左右摇摆，如同热情似火的舞者；有的微微颤颤，好像在荡秋千，有一些俏皮，又生怕一不小心跌落枝头；有的似乎敞开了笑脸，迎接那些喜欢她的朋友，来欣赏她，与她合影留念，似乎在告诉朋友们，"看，大家都好喜欢我们啊"；有的则巍然不动，似乎在展示她的力量和决心以及对枝头的眷恋；偶尔会有小花瓣地悄然从枝头飘落，在空中飞舞，落在樱花树下漫步的人身上、湖边的草坪上，也落在静静的湖水上和人来车往的马路上。不管落在哪里，樱花依然是纯净而美好的，一尘不染，粉色的可爱，白色的洁净，似乎只是换了一个地方绽放。虽然樱花比不上玉兰花的艳丽缤纷，也没有迎春花的金黄灿烂，比不上串串红的娇羞欲滴，没有柳枝的妩媚多姿，但是樱花却以她的纯净娴雅同样吸引着人们的目光。看着樱花，会让我瞬间失神，觉得世界不再是嘈杂纷繁的了，而是变得简单纯净，就好像是到了世外桃源一般。漫步在樱花下感觉自己都变得美好了，暂时不用去理会外面的人与事，不用去感受越来越嘈杂的世界，可以放慢脚步，将自己从紧张的生活中释放出来，细细地感受内心最真实的世界，我相信这对于每一个人来说都是一种享受。

　　站在小桥上，在夕阳西下时欣赏着粉白纯净的樱花、金黄耀眼的迎春花、艳丽缤纷的玉兰花、随风摇摆的柳枝、泛起涟漪的湖水、绿油油的草坪，瞬间觉得生活的惬意不过如此。欣赏着校园的美景，真是要感恩自然的神奇造物，唯愿时间能稍稍停滞，让这美得惊心动魄的四月能多停留一会儿。

原载于 2014 年 4 月 10 日《中国海洋大学报》

与春天合影

天青色等烟雨

王红梅

想起来，自我第一次踏入海大校园，到现在已经过去十年了。不知道从什么时候开始，我也能装作不经意地谈起"十年"这种词语。上学时，说起一年、两年这种时间尺度，都觉得自己像一个大人。现在，一年就像是屋檐上正在融化的冰雪，一不留神就变成水滴，掉落了下来，没有留下太多的痕迹。

十年了，崂山校区的校园似乎没有发生很多变化。四季流转，花开花落，树叶绿了又黄、黄了又秃，学生来来往往。这里总是青春的样子，事情总是这样，改变的大多是人。令我感怀的就是这些变化，倒不是变化本身，而是它发生的时间。2014年盛夏，我来崂山校区参加考试，迈着艰难的步伐行走于起起落落的校园，长久注视着北区宿舍旁边山的形状，惊叹于北门外僻静的环境和地理位置，想起海大学生热爱学习的传闻。那个时候，我不会想到，几年后我会从学生身份一跃而变成为教职工，日日漫步在上上下下的"山路"上。

校园崎岖的道路，从一种负担到一种乐趣，于我也不过一年光景。工作后的第一年，常常早上先到南区食堂吃早餐，饭后步行至图书馆，20分钟的路程累得我苦不堪言，聊以安慰的是路上总有些光景可看。春天，橙黄色的凌霄花大片地挂在校园围栏上，甚是可爱，连我这种对花没什么审美的人看来，都觉得心情大好。继续走到图书馆前的小石子路上，信步而上观赏水波荡漾的映月湖，才会觉得这一路多少还是值得走的。而一年后，行走成为一种生活方式，曾经折磨过我的崎岖道路变得小菜一碟，上下班路线也成了一种"徒步"。有的日子，我会刻意绕一些远路，从西北门进来后走到北区食堂，带着打包的早餐，沿着樱花大道回到图书馆。这条路上的光景自然是樱花大道，在樱花烂漫抑或落叶纷飞的季节里，行走其中，任由思绪飘远，多少也算是日常中的小确幸。

去年，我开始骑自行车上班，以所谓的中等速度重新感受了校园的道路，用一颗怦怦跳动的心脏丈量每一个磨人的上坡，以微风吹拂的发丝回忆每一个长长的下坡。夏天树叶繁茂，常常在梧桐大道的大树阴影下寻找阴凉，行人慢慢走着，我却迎着几丝凉风飞驰而过，心里别提有多畅快了。

随着年龄增长，渐渐理解了"春秋多佳日"。春天自是万物生长、生机勃勃的时节，空气中弥漫着松弛暧昧的氛围，惹人怜爱和期待。而秋天，是高远的，亦是伤怀的，是辽阔的，亦是落寞的。秋天的天空、晚霞，秋天的空气、树叶，秋天的一切，都变得那么迷人，这大概是一两年前的我不曾意料的变化。

2022 年 10 月，因特殊情况住在崂山校区一周。校园里没有了来来往往的人

们，寂寥的道路上回荡着远远近近的鸟鸣，落叶铺在地面上一层又一层，与偶然路过的几个行人相遇发出吱吱的声响，像是一声招呼或是叹息。秋色高远，景色寂静，在这样的时空里，我听到了热闹的鸟叫声，鸟儿们群情激昂，不知疲倦地发出不同的声响，仿佛整个校园都是它们的王国。我不禁好奇，以前它们都在哪里，做些什么，声音又是被哪些东西所埋没。是不是它们也曾躲开人群，在某片安静的树林里快活过。而当校园变得安静，它们才敢放肆驻足其间，唱着以往不敢唱的歌，霸占着不曾长时间驻足的马路，好好地过把瘾、享受够。十月份秋色动人，微风、暖阳点缀着轻飘飘的树叶，自顾自地度过时间，跟往日热闹的校园光景比起来，有着完全不同的况味。

时常觉得崂山校区是一幅水墨画。清晨，走出海洋大学地铁站，站在天桥眺望远方，会看到山影朦胧，雾气缥缈，学校建筑静立其中，默然无言，脑海中总是会蹦出"天青色等烟雨，而我在等你"的歌词，觉着千言万语要从胸中喷涌而

出。我自然是没有要等的人，只是深深吸了吸清晨的空气，幻想着仙风道骨的传说，拿出手机拍摄一张风景平平的照片。有的日子运气好，在梧桐大道旁的小河里可以看到两只熟悉的绿头鸭，它们偶尔一前一后，低头顾盼，悠然划行。看着它们，我的灵魂好像与河水一道，被温暖的日光蒸发，飞到了云层里，被平静与喜悦充盈。

　　很早之前就听说过鱼山校区是中国最美十大校园之一，之前一直没有机会参观，工作后去那边闲逛倒也顺理成章。其实说闲逛也不合适，多是为了工作，来去匆匆，没有在某个阳光灿烂的午后漫无目的地行走在密林小路上，也没有探宝一样打卡历史悠久的防空洞。最常驻足的地方便是操场上方等班车的位置，日落黄昏的时候，微风吹拂绿叶，远处是古朴典雅的信号塔，操场上是躁动的青春，像是置身于一幅安静的油画之中。红色的高塔，蓝色的天空，白色的云，绿红相间的操场，绿色的树，高饱和度演绎了"红瓦绿树"的风光。偶尔会羡慕生活在这里的人，出门，路边开满了琳琅满目的小店，杂货店、咖啡馆、纪念品店，再走一段就能旁观人潮涌动的大学路，最重要的是，风景太美了，在这种地方学习工作，总会有被击中的瞬间吧。

　　令人感到幸福的事情总是相似的。有落日余晖，有大海，有山影，有云的地方，总能给人带来宁静的愉悦。有一次，结束了在西海岸校区的工作，头昏脑涨地从图书馆出来，一抬眼便被远处的景色震撼到失语。层层霞光里，连绵的群山只剩下黑灰色的轮廓，像一群奔驰的野马，连绵不绝，金色的落日轻轻地点缀在天山相接的一角，给黄昏里安静的校园增添了点点浪漫。那个瞬间，我像是一个闯入神仙世界的凡人，目瞪口呆地望着罕见的景色，迷失在言语中。

　　旧时明月今人泪，时间的流逝不能使人心安。这种感觉像是乘寂寥小舟行驶在无边的汪洋中，无论开向任何地方，对我来说都一样。值得庆幸的是，回忆并不是无处安放。我曾经路过灿烂热烈的校园，见证它守护代代年轻人的青春和梦想；曾经走过崎岖的山路，和伫立无言的山一起感受心跳；曾经在平常的日子里，度过最平常不过的时间。这样想来，无论时间以其鬼斧神工之力带来何种变化，驶向任何地方，我都无所畏惧。

　　只是不知，在这条长路上步履不停，最终能否寻到差强人意的答案。

樱花烂漫

又是人间四月天

刘晓棠

校园的花开了。

仿佛一瞬间的事情，冷不丁的，昨天还是光秃秃毫无美感的灰色枝干，今日再看已是满树芬芳，让人禁不住怀疑自己是不是在一夜之间错过了春日。

人间四月，繁花满路。一团一团粉红色的云浮在路的两侧：杏花和美，细碎碎的，风吹过就有软软的雨；蔷薇肆意，粗矮的样子，颜色却张扬得很，细小的花枝涂的是粉嫩的红。还有玉兰，清丽洁雅，瘦高的干，挺着散开的枝，花朵硕大，花瓣脉络分明，粉色最多，也最为好看，一树树地开成了伞，黄色开得稍晚，还是饱饱的花苞，紫色看上去沉静，略显老成的低调。空气暖到静止，往图书馆走的路上，内心宁静，肺腑之间充盈着枝枝丫丫间漏下来的细风，带着丝丝的香气与暖意，游弋在周身。我不禁驻足，让身上的每一条血脉都贪婪地呼吸，空气中飘浮着混合着阳光味道的草木香气，冬日里长眠心底的温柔，一如春光乍泄。

晚间回宿舍，路上行人寥寥。灯，暖澄澄地亮着，光线如温柔的网，笼着一树树的繁花。几个人叽叽喳喳地走过去，在一棵树下摆好姿势，绽出笑容，咔嚓地拍

着合影。想起我在大学里的第一张合影，身后也是盛放的花树，再后面是灯火明亮的图书馆，更远处是青墨色的苍茫。真好，只不过暗了些，看不清自己脸上的表情，应该是欢喜的吧？

像是偶遇许久不见的故人，什么都想说，却说什么也不妥，我就这样站在树下与一朵玉兰互相凝视。花五瓣，外缘淡粉，越靠近蕊越白嫩些，皱着的薄翼，似是不情愿的娇羞，美得让人惭愧。我呆呆地盯着，蓦然惊觉，似乎有些失态，别人扫过来的目光里，也许会有几分诧异，不动声色地走开去，心里还满满地装着那一簇簇的嫩白与淡粉，一如记忆深处一张微笑的脸。

又是人间四月天。

校园的樱花路正是美的时候。淡而不薄的粉红像极了初春暖暖的风。走在室外，柔和的心情如同树枝上新生的芽，时不时扬起的花雨可比仙境，花枝间阳光闪烁，刹那芳华，美的无法触碰。

一直很喜欢红豆，却生在南国，北方不知道有没有，反正我没见过。总想着有一天亲手摘几颗，拿细细的刀刻了字，装在透明的玻璃瓶子里送人。如果你见到，摘几枝送我可好？只要红豆吧，勿附字。

四月天，花红柳绿时节。花都开好了，有些距离却咫尺，却天涯。趁着阳光正好、微风不燥，寒暄一句可好？

毕竟，又是人间四月天。

原载于 2015 年 4 月 16 日《中国海洋大学报》

秋染西山

七月

雨后校园

钟玉岚

昨夜下了入夏后的第一场雨。

有什么能比这初夏雨后的景致更美呢？

空山新雨后，空气中满是舒馨的清香，抬头一望，天上仍然有大片云层，从行远楼至图书馆方向的上空，像巨大的水墨画一般蔓延开来，而东南方向的云逐渐由墨色慢慢淡开去，被云后的阳光晕染成金黄，似窈窕的舞女甩出长长软软的袍袖，缠绕在由近及远、由浓转淡的层层远山之上。再远去，已经是一片湛蓝的晴空，镶着团团棉花糖般的白云。

水光潋滟晴方好，虽然还有云。夏季的青岛真是一个迷人的地方。莎士比亚写道："我可以将你比作夏日吗？你却更可爱也更温婉。"我却想说，崂山校区的夏日比莎翁笔下的"她"更加迷人。

在人工湖边读书。湖的四周绿树掩映，柳枝经过骤风急雨的洗礼之后柔柔地垂下，湖里睡莲密密匝匝、层层叠叠绽放出白的红的花儿。凉爽的微风从温暖的阳光中拂过，柳条也随之摇动，来轻轻抚摸我的脸，又像是伸出手来要和我握手。琅琅的书声在幽幽的密林中萦绕，此起彼伏，这应该是夏日的校园最平常也最美好的光景。一不留神，有喜鹊飞过，掠水一带，又斜飞上柳枝。你以为它要在枝叶中休息驻足，可它又闪电般一个俯冲，转眼飞到湖的另一边去了。

偶尔会有一只在校园里漫步的小白猫，背上长着黑斑的那一只，在你读书的时候若无其事、专心致志地走过去，瞅也不瞅你一眼。你会很好奇它看什么看得那么仔细、那么专注，你看着它悠闲地在草丛里走，迈步的时候爪子抬得很高，似乎怕弄脏了它的袜子；落脚时绿草掩没了它的腿，拂过它看上去就很柔软的白肚皮，不知道它会不会感到痒。当它走到旁边另一位同学的身旁，就停了下来，舔舔爪子，许是草丛中什么东西有点儿硌脚。你本以为它要停下来晒晒太阳，它又慢悠悠迈着猫步，沿着湖边向前走去了。我很奇怪，这么好的初夏的太阳，它为什么不喜欢？

太阳又升高了一些，慢悠悠的，和那只猫一样。天空的云也慢悠悠跑到山的那边去了，只看得到一点点背影，头顶的大片天蓝得纯粹透明，毫无杂质。大概是有点儿热了，湖边读书的人渐渐都去了图书馆里。湖边越发安静了，安静得人都不敢大口呼吸，似乎一不小心就会吹皱了这平静的湖面，还有蓝得纯粹的天空。三只小乌龟，像往常一样爬到岸边舒服地晒太阳了，它们正需要这明媚的阳光。如果岸边有人走过，脚步声或者说话声被它们听见，其中一只会立刻扑通一声跃进水里藏起来，而另外两只，依旧悠闲自得地晒着太阳，连眼皮都懒得抬一下。

对它们来说，这样的时光就是天堂了。

时间仿佛静止了，连湖里的水草都不再飘摇，它们如女生的秀发，在等风来。等到一阵微风起，湖面上会泛起细碎的波光，这时候就看见有小红金鱼儿在水草中穿梭，还有胖胖的黄鲤鱼儿，在莲叶下悠哉悠哉地游来游去，它们都把那波光当成了与湖水的游戏，太过平静的湖水对于它们来说，大约也是有些无趣的。还有一些黑豆般大小的小蝌蚪，成群结队，拖着长长的尾巴，在岸边聚成黑黑的一团，忽然被什么惊动，飞快地游走了，过不了多久，就会有蛙声，填满一个个校园的夏夜。

晴空，艳阳，湖水，书声……我爱这样的校园！

哎哟，一不小心光去看鸟儿、猫儿、鱼儿了，还是赶快读自己的书吧，青春与这夏日一般美好，岂可虚度！

原载于 2010 年 6 月 3 日《中国海洋大学报》

大学生的小日子

史佳佳

我们是第一批搬到海大崂山校区的，可谓是"生在崂山，长在崂山"，因此我们习惯称自己为"海大崂山人"。

崂山校区建在山间，空气清新，景色宜人。我们来的时候，整个校区只有法政学院是文科院系，其他都是工科。宿舍区只有一、五、七、八是女生们的"寝宫"，其余都是男生住所。

大学生在崂山校区的小日子，除了学习之外，不外乎衣食住行。

爱美之心，天下大同，虽然地处偏僻，但是崂山女生穿起衣服来并不含糊。对如何搭配，如何淘到既便宜又美丽大方的衣物乐此不疲。其实以后来的眼光来看，当时我们穿衣服并不张扬，相反是有点朴素的，却不知是汲取了这山的灵气抑或是清水出芙蓉，比起人们常见的穿衣风格大胆而前卫的女生，反而多了一种纯朴雅致，似乎更有大学生的气质。男生们则崇尚运动系列，看起来更阳光健康。

崂山校区餐厅有两座楼，不同楼层经营重点略有差异，校园外面有零星的小饭馆常作为打牙祭的备选。男生们活动量大，一般无肉不欢，可是鉴于肉菜的价格又不得不节衣缩食，一天吃一次肉或鱼尚可承受。周末会约三五好友，集体到校外小饭馆去吃一顿，除了换换口味，人声鼎沸的小饭馆里人来人往的热闹场面也是生活的乐趣。女生为保持苗条身材，一般蛋菜类消费较多，三五天会来一份儿鱼或肉，亦吃得津津有味。我就最爱一食堂二楼的熏鱼，味美汁浓，口齿留香，令人回味不已。如果要买新鲜水果，崂山校区绝对是个好去处，学校北面每隔四天一次的大集让男生女生都流连忘返，花上五六块钱就能买回一兜苹果、几只香蕉或者一个黄澄澄的大柚子，集上能够生吃的蔬菜类例如黄瓜、西红柿也极其热销……这种赶大集的乐趣是身处市里的大学生们绝对体会不到的。

对我们研究生来说，一年 1200 元住宿费的宿舍应是物有所值。两个人一间，窗明几净，站在阳台上对着远山冥思遐想或是思考学术问题，都是不错的体验。本科生虽没有我们的条件，可是一人一桌一橱一床的布局和我们一模一样，且价钱便宜很多，也令人羡慕。用水至今仍免费，每个月每人有四度免费电入账。

对于当时有些许偏僻的崂山校区来说，我们想出门去市里会麻烦一些，校外的几路公交车是大家平常出门必选的交通工具，要去近一点的地方比如李沧区可以从学校北面坐 113 或 112 路车，要去市南甚至台东就需要去校门那里坐 125 路。由于 125 路车线路极其绵长，有些同学会在车上打个盹儿，而我则喜欢坐在车上一路看沿途的风景，也是一种享受。如果赶时间，有 110 和 311 路车可选，线路比 125 路要短许多，缺点是车少，一个小时一趟，能不能赶上全靠运气。

校园远离市区带来的不便大约也就如此了，对于以学业为重的学子来说不足为虑。我们能以"海大崂山人"自居，这个称呼说出来多少是有些得意的，主要是因为我们有深处闹市的学生望尘莫及的清静的学习环境，今年我们班司法考试通过率接近 40%，大大超过往届就是一个有力的例证。失之东隅，得之桑榆，事情大多如此，就看你追求的是什么。所以，身为"海大崂山人"，我们爱这个校园，在崂山校区认真过着的小日子，总会带给我们意想不到的惊喜。

原载于 2008 年 1 月 4 日《中国海洋大学报》

校园点滴

宋春丽

在海大看樱花开已经是第三次了，初次是怀揣梦想前来复试，虽然路远雨冷，海大还是给了我最暖心的答复。第二次是在研一，春天的脚步似乎有些姗姗来迟，樱花在久久的期盼后终于汇成一片海。今年算是第三次，在成为一个"惯看春花秋月"的老海大人之后，等待樱花的心情也就不那么焦急了，像是等一场曼妙的约会，允许樱花可以慢些再慢些，要相信，一切该相逢的，在风霜之后终会来临。先开的是单樱，也称早樱，单瓣的小花朵沿路盛开，团团簇簇，是第一首歌、第一段情、第一次吻，洋洋洒洒，静谧无言。清晨，单樱盛开在微凉的晨曦里，有一些朦胧，似少女的呼吸，熨帖安稳；夕阳中，大片樱花被撒上一层薄薄的金色，有一些慵懒，如从欧式田园里走出的穿长裙的女人，风姿绰约；在天空湛蓝的日子，樱花如锦书里沁出的淡雅诗意，随我的眼眸走远，远到某一朵云彩。

黄昏时分，沿樱花大道一路赏花，心满意足之后最愿意坐在湖边的木椅上，一天之中那些缤纷的随想象湖中倒映的云，归于沉寂。这样的平静让人陷入思考，想着这片花这片水所给予的一切，想到这片土地滋润的 90 岁的海大，90 周年不仅仅是一个数字，或者一串长长的祝福语，更应该是一种关于成长的回想，关于情怀的倾吐。所谓情怀，大致属于人文精神的范畴，但"人文精神"的概念太过宏大，往往会让人产生强烈的陌生感与距离感。不如干脆返璞归真，校园里的人文精神也好，海大情怀也罢，其实就在校园生活的点滴之间。

"所谓大学者，非谓有大楼之谓也，有大师之谓也。"20世纪30年代梅贻琦先生的一句话，现在读来仍觉意味深长。所谓师长之风，必然应该有深厚资历与渊博学识，然而师之"长"也必然延伸至知识之外。至于后者，身在学院则多有感触。老师记不清学生的名字，师长与学生的距离拉大，这在大学扩招的年代已经不足为奇，也不再受到嗔怪。可是每当我遇见徐老师时，一句"老师好"，必定有一句温柔的"你好"作为回应。十几年的求学经历已经习惯了这样一种"形式"，似乎也冲淡了其中的师生情谊，但就是这样一种简单的问候与带着微笑的有气质、有温度的回应，即便是习以为常，恰恰也是师与生之间必需的仪式感。前几日学妹在网上上传的几张照片引起我的关注。照片定格的是西装革履手提公文包的温老师，带着一帮青年学生走在樱花树下，经询问得知那是在上一节关于诗歌文学的课。樱花树下的诗歌课堂，听来便心生美好。文学课堂是传道、授业、解惑，更是一种时节、心灵、信仰的交融。记得微笑远远胜于记得名字，授之精神远胜于授之知识，这应该是大学校园里最美好不过的事情了。

"平凡里见伟大，沉默中寓神奇"，这句话也是梅贻琦先生所讲。2012年来青岛后经历了第一个冬天，听别人说青岛是不怎么下雪的，即使下雪也往往只是飘一阵儿雪花带来一点儿惊喜，然后戛然而止。这个冬天却下了点功夫，认认真真地下了场雪。早上醒来姐妹们一起出发去上课，在路上边走边拍照，让这个冬天的日子无比欢乐。后来翻看那天拍的照片，让我印象深刻的不是我们或搞怪或唯美的雪景照，而是一张雪地里铺着防滑草垫的照片，并不美观，却让我感动。我并没有看到是谁在学生上课之前早早铺好了这些草垫，沿着路从南区一直到北区，一张连着一张，甚至被踩踏得与雪混杂在一起，略显杂乱，但防滑效果极好。我记得有一次自己在去期末考试的路上，抄近道没走铺着草垫的路，结果结结实实地摔了两个跟头。与大多数人一样，在海大这么多年，对学校后勤工作了解得并不多，后勤工作人员中只认识六号楼戴眼镜、抹着亮色口红的宿管阿姨。她第一次检查寝室时，就和我的蒙古族舍友聊起天来，天南地北一直聊到正流行的纪录片《舌尖上的中国》，并改成了"舌尖上的内蒙古"。从此以后每次查寝，了解

完基本情况后的她都要聊会儿天。这位阿姨给我留下最深印象的是最后一次查寝，她说自己要退休了，离开前想来和每个寝室道个别、说声再见——大学生活期间，她是我遇到的第一个向每个学生道别的宿管阿姨。除此之外，关于学校生活的记忆还有很多，但当去翻捡时，发现都不过是零零碎碎，点点滴滴。但我越来越觉得，恰恰是这些点滴小事，最能反映出真实的海大情怀，这就和"美"一样，需要用敏感细腻的心去感知、去体会。

走在海大校园里，我只是步履匆匆的人群中的一个：看每一个同学都是朝气蓬勃、青春逼人；看每一处风景春天里是一首诗、冬天里是一段情……90 岁的海大，她也许还不够完善，但她一直在用点滴的努力不断前行，我们也当以点滴回馈于她，祝福于她。

原载于 2014 年 4 月 17 日《中国海洋大学报》

春天的樱花和冬天的风

李晓庆

2008 年，北京奥运会成功举办，青岛承办了帆船比赛并又获得了另一个标签——"帆船之都"。那时高考刚刚结束，青岛的绿树红瓦、碧海蓝天让人着迷。爸爸去参加高校招生宣讲活动，拿回来的海大宣传册上，郁郁葱葱的校园风光实在引人入胜。他说，"那就去中国海洋大学吧"，就这样，我与海大结缘。

当时我不知道的是，宣传册上印的是鱼山校区，而我读书的地点却是在浮山校区，对比宣传册上的校园风光，心里确实有不少的落差。但是没过多久，浮山校区的地理优势就显示出来了，海景宿舍、散步可达的海边、直达市区的公交、紧凑便利的校园……回想起来，那也是一段非常幸福的时光。

2010 年，浮山校区的几个学院整体搬迁到崂山校区。初到崂山校区，直观的感受就是校园之大。那个时候，学校没有共享电动车和校园小公交，有时一天需要往返南区宿舍和教学楼 4 次，现在想来，每天如此之多的有氧运动，怪不得不会发胖。每年会有一段时间，我特别喜欢走去教学楼的那段路，那便是樱花季的时候。

崂山校区 2006 年投入使用。我在读的那几年，樱花树还没有现在这么高大繁茂，可是对于大部分家乡没有樱花的我们来说，疏疏落落、摇曳多姿的樱花实在是美得不可方物。特别是那个时候，"樱花季"还没有那么热闹，我们从从容容地看了好几季的樱花。毕业后，学校开放樱花树认养，吸引了很多毕业生参与，想来，大家都曾在海大园里被樱花的美震撼过。

除了"樱花"这个关键词，回想起自己的大学时光，印象最深的是校园里冬春季节时无休无止、风向不定的大风。有一年初冬，专业课程作业要求我们自编自导自演完成一个主题短片。在筹备阶段，整个小组都很激动，感觉一瞬间实现了自己的导演梦、编剧梦或者演员梦。直到开拍，诸多的困难出现了，借道具、选场地等甚至都不算什么困难，其中最艰难的是拍摄过程中，为了拍摄效果，女主需要在初冬的广外，穿着单薄的衣服连续拍摄几个小时。那段时间，我们真切感受到了青岛大风的威力。

或许看到我们拍摄团队过于可怜，在我们与大风抗争的第三天，拍摄地附近

陌生宿舍的几位研究生主动给我们送来了他们暂时不穿的厚衣服，告诉我们结束拍摄送回去就好，陌生人的帮助让我们感觉到温暖，也给了我们完成作品的动力。在后来毕业、工作，经常被诸多人和事"磋磨"的日子里，我时常回忆起这段时光，一个小团队为了同一目标努力，时常获得周围人的关爱与帮助，这是我在海大园的学习、生活过程中最美好的回忆之一。

　　关于海大，我们能回忆的美好事物有很多：早起排队的图书馆、中午的广播、夜晚跑步的操场……当在这个校园中生活了这么多年，每到春天来临，看樱花已经成为一种习惯；当我在校园中看到有学生在风中雨中行走，也愿意停车载他们一程、给他们些温暖，就像当年给我们送棉衣的陌生人一样。

晴空

推窗见远山

风卷云裳掩东崂

绿拢西山

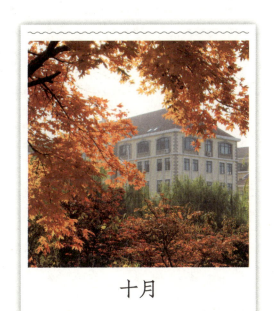

十月

在海大读研的日子

张园园

2021年9月22日，睡前，我在视频网站搜索框输入"中国海洋大学"六个字，在搜索结果中，我第一次见到了海大，灯塔形状古老庄重的校门和蓝天下一排排殷红色的屋顶，是海大给我的最初印象。放下手机，我在心里默默计算了一下时间，距离海大的研究生推免面试只有不到8个小时了。

2022年9月4日，我从南门出发去体育馆。那时的海大对我来说是一片尚待解锁的地图，不认识路的我在导航和热心路人的帮助下迷迷糊糊走到体育馆，那时候我还不知道这段路程坐小公交只需要3分钟，不知道自己脚下的这块土地在半年后能看到一大片浅紫色的二月兰，不知道春夏之际这条路上会响起蛙声一片，不知道将来自己也会在这条路上给新生指路。

2022年9月16日，我路过孔子像，沿夏末樱花大道走向图书馆，馆前的大石头上刻着一个遒劲的"源"字，拾阶而上是庄严宏伟的建筑。图书馆里每一层都排列着整齐的大书架，穿梭其中有一种难以言表的幸福感。我在这里遇到了《那不勒斯四部曲》，书里有这样一句话："我该怎么向这个女人解释，我从六岁开始就成了文字和数字的奴隶，我的心情完全依赖这些文字组合，现在的这种愉悦是很罕见的，也是很不稳定的，可能只会持续一个小时、一个下午或者一个晚上。"一年后，我发现这句话可以完美地描述写论文时的心情。

2023年3月29日，我的镜头对准了樱花。单樱洁白，双樱娇俏，熙熙攘攘地挤满枝头。我带着期盼节日的心情盼着樱花开，如约而至的不仅有千朵万朵压枝低，还有一场盛大的集体婚礼。樱花灼灼，春风拂过新娘的裙摆，耳边响起"A Thousand Years"，原来爱情、浪漫和幸福可以被具象化为紧握的手、整理裙摆和领结的动作、对视时上弯的嘴角和眼里幸福的泪水，多幸运能够亲眼见证"爱如海大"的浪漫与幸福。

回想在海大一年半的生活，我的主要任务就是上课、写论文。上课是学生时代早已掌握的技能，但认认真真写一篇论文确实是人生第一次。选题、找数据、跑数据、写论文，每一步都进行得很缓慢，期间有好多次萌生过换个题目的想法。数据结果不理想时人都几乎要枯萎在电脑面前，好不容易整理好数据才发现正文好像更难写，为了鼓励自己先完成再完美，每天都用 word 文档记录下写过的字数。完成初稿时的心情非常雀跃，觉得自己写得挺好的，但修改完第一遍再回去看初稿发现有太多硬伤和不足之处，简直不好意思读第二遍，这个时候第一次真切地感受到导师深厚的功力和智慧。

磨论文的日子里生活中也有无数闪闪发光的碎片：坐在图书馆橘黄色温暖的灯光下写论文、拍下被晚霞涂成粉色的映月湖、登上照片中看过无数次的"东方红 3"船、挖一小块自选区的芋泥甜品、期末考试经过摆满小零食的孔子像、快迟到时赶上正要出发的小公交、在操场跟好多人一起笨拙地跳广场舞、在东区的大桥上和芦苇一起吹徐徐的晚风、在三食堂找个位置边吃饭边看《甄嬛传》、在校园广播里听到自己喜欢的歌、和师兄师姐一起拍毕业照……

虽然无数次吐槽过研究生生活，但如果问我是否后悔选择了读研，我一定会回答不后悔。在海大的日子里，我终于挣脱出自己设定的枷锁，不用为 GPA 焦虑，不用想参加什么竞赛拿到多少加分，不用关心自己的排名；在这段松弛的时光里我跟着导师写完了第一篇论文，尽管目前还在艰难的修改中；本科时很喜欢《中国青年报》的冰点周刊栏目，还一度想要去做记者，在海大终于有机会采访一些同学，算是圆了自己的记者梦；和朋友一起打卡学校周边的小店，北门的石锅鱼和南门的冒菜最近是我的心头好；去海边踏浪听歌喂海鸥，吃冰西瓜和炸鸡。最重要的是，我开始学会区分别人的评价标准和我的现实情况，学会思考自己是一个什么样的人、喜欢什么以及那模模糊糊的未来。

朋友在他的硕士毕业视频中曾说，"希望能感受到自己真切地存在，希望能活得张扬、粗糙、生机勃勃"。距离研究生毕业还有一年半的时间，希望那一天我也能像他一样，带着无数怀念和感恩告别我的学生时代，然后大步向前，走向新的人生。

秋色拾级上

沐秋阳

舞秋风

山色空蒙

图书室时光

刘雪

　　不知道从什么时候开始喜欢院里的图书室，或许从第一次去查阅资料开始，或许从看到负责老师那亲切的笑容开始，抑或从看到那些崭新的书籍开始。总之，对图书室的喜爱深深地印在了心底。而当我有机会申请"四助"工作，成为院图书室的管理员时，我与图书室的不解之缘正式开始。

　　每当看到书架上满满的图书和杂志，喜欢书的我心中总会有一种油然而生的喜悦。图书室里陈设简单，几张桌子、几把椅子、几个书架，收藏了学院各专业的核心期刊和许多专业书籍，简单的天地成为大家查阅资料的好去处。

　　图书室管理员的工作简单得有些琐碎，主要是管理图书室、更换杂志、整理书籍等。很多简单的事情做久了往往让人觉得枯燥，但图书室管理员的工作对于我却别有乐趣。虽然简单，做好也需要耐心细致；虽然枯燥，却让我懂得坚持；虽然琐碎，却让我学着分清条理。即便有时候难免乏味，给大家服务的过程让我明白，只要付出真诚与热情，便能收获快乐。可以说这样一份"四助"工作，让我收获很多很多。

图书室虽小，却让我体会到了《项脊轩志》里归有光"借书满架，偃仰啸歌"的心情，所不同的是我比古人更加幸运，不必那么麻烦就可以"近水楼台先得月"，在第一时间看到最新的书籍和期刊。正是这些书，让我对自己的专业有了更多的了解，知道了许多专业的前沿知识，开阔了自己的眼界

渐渐地习惯了有时间就到图书室，安静地守着这一方小天地，在为院里的老师和同学们提供方便的同时，也让自己有更多的时间接触书。记得在鱼山校区时，图书室很小，却有着大大的窗台，爱花的朱老师在上面放了芦荟、滴水观音和橡皮树，于是一年四季图书室里就有了几分怡人的绿意。图书室在三楼，往外看去，近处是纵横交错的树枝，稍远一点是一个小广场，再远处就是隐隐的青山了。四季流转，窗外的风景变换着不同的风情，常换常新。来崂山校区后，图书室宽敞了好多，可以容纳更多的人看书。窗户外边是一片茶园，不远的地方也是连绵的青山，却感觉离山近了好多，晴朗的天气透过窗户望出去，会让人有"我见青山多妩媚，料青山见我亦如是"的心情。不管是在鱼山校区还是在崂山校区，窗外总有着不一样的风景。在如此美丽的环境中，在整洁安静的图书室里看书学习，实在是一件特别美好的事情。

从大一下学期一直到大四，在图书室竟然已经很久了，久得我已经把这份工作当成了大学生活不可或缺的一部分。很多事情即便不喜欢，时间久了在心里也会生出千丝万缕的情绪，更何况是我深深喜欢的地方。即将离开之际，心中满是眷恋与不舍，环顾图书室，觉得一切都充满了脉脉温情。

本来题目想写"图书室里日月长"，即将离开之际却总觉得光阴似箭，所谓"日月长"也不过转瞬之间，相聚、离开都在所难免，但我会一直记得这份工作带给我的收获、充实与快乐。谨以这段文字纪念我的"四助"工作经历，纪念那一段在图书室里的时光。

原载于 2010 年 6 月 3 日《中国海洋大学报》

东崂秋色

绚彩校园

秋高山远

崂山校区图书馆

崂山校区体育馆

一月

明年的第一场雪，你们会在哪里？

郑沛楠

元旦前的青岛，据说要来冷空气，从那一刻起，我就热切地盼望着今年冬天的第一场雪。元旦假期，照例有各种欢聚，似乎有这些聚会才算完整的一年，就像年终的各种总结一样。席间大家说闲话、谈前程，一会儿伤感，一会儿戏谑，一会儿豪情壮志，都像孩子一样。

早晨醒来，拉开窗帘的一瞬，望见五子顶的亮白，心念一动——终于还是下雪了。目光收回，看到几张年轻的面孔在初雪中嬉戏以及拍照，心情也随之兴奋起来。还好，这是我所喜欢的冬季，温柔的、有雪的冬季。

纷纷扬扬的大雪似是应了大家的请求，尽情飘舞，分不清云彩的形状，分不清风吹来的方向。听着身边这些无忧无虑轻快肆意的欢笑，我不禁想到了自己本科时与朋友们在大雪中嬉戏的点点滴滴。忽然想起谷崎润一郎的《细雪》，多年前看的书，已经忘记了故事的情节。这座城市也会飘起细雪，像是一位温柔的老妇人，缓慢地走过属于她自己的时间，不经意地流露关爱。

来到实验室坐定，戴上耳机。此时的曲子是班得瑞的《月光水岸》，不知道是什么时候下载的了，偶尔翻出来听，舒心，而且轻盈。一曲终了，雪还在飘……身边的同学以及其他的朋友正在为毕业论文拼搏，或许没有和我一样的心情赏雪吧。明年的第一场雪，你们会在哪里？会被怎样的城市所接纳？会是那个穿行在人流中的灰衣男子，抑或是坐于办公室中的白领丽人？我们总在谈论理想，但理想终究会被现实所湮没，是吗？我知道终会有那么一天，雪天对于我的意义只剩下寒冷与泥泞。但我还在期望，期望我能写下此刻关于自己的所有的感念，然后尘封。

前些日子无聊，翻看本科时的相册，那时还没有数码相机，似乎拿在手中的照片更值得回味。转眼间本科毕业已近五年，五年前的照片是不是就已经算是老照片了。总会有某些人不会再见，甚至不再联系，即使是碰巧遇到，也只剩下客套与尴尬。虽然我也知道，这是些很无稽的想法，十足的矫情与任性。但每当我看到照片上自己和别人的笑脸，就会觉得那些快乐与记忆值得我一生珍藏与回味。

2008年的第一场雪，仅仅是一场初雪，不同的人会有不同的心绪。那些伴我一路走过大学四年、硕士以及博士时光的朋友们，明年第一场雪你们会在哪里？

原载于2008年1月18日《中国海洋大学报》

校园雪景

雪中行

史运杰

一直期盼着雪的来临，对于喜欢雪的人来说，无雪的冬天，心里多少觉得会有些遗憾。一入冬，便常会拿起桌上的日历翻看，在上面查找小雪、大雪节气，心想到时便会看到雪，但大部分时候常常是空欢喜一场。老天的心思岂是那么容易让人琢磨透的，不按常理出牌本是正常，往往在人们没有预料到的时候，在人们沉醉于梦乡的时候，便悄悄地下起雪来。今年也是如此。早上起床，拉开窗帘，看到盼望已久的雪，不由大声感叹一句："下雪啦！"于是原本静静的寝室立刻热闹起来，大家站在窗前争相目睹第一场雪的风采。

打开窗，看远处的大地早已被雪装扮了一番，换上了洁白的衣裳，远处的树林、村庄、大山在雪的掩映下变成了一幅落笔简约的水墨画，天地间没有了其他颜色，只剩下黑白两色。其实不必远眺，只需静静欣赏眼前雪的轻盈舞步，感受雪的温度，看雪慢慢地落地，心里就会变得欢喜。如果想要尽兴，好好迎接第一场雪的来临，就可以在从宿舍到图书馆或教学楼去的路上，感受雪中漫步的味道，来一次难忘的雪中行。夏天走在雨中，听雨滴敲打伞帘发出滴滴答答的声音，听脚底踩水发出哗哗的响声，看雨滴汇聚成大大的雨珠，然后像断线的珠子一样落地，心里经常会觉得闲适而安静。雪中行又何尝不是？更何况走在雪中无需带伞，无须戴上帽子，可以把手插进衣兜，任雪花亲吻着你的脸颊，落满你的衣服而不用担心衣服会被打湿，把自己完全地置身于雪的怀抱，低头看留在雪地上自己的足迹，恍惚间觉得自己变成了一个雪人，一个会走动的雪人，心也会变得像雪一样晶莹纯粹。

路经五子顶，原本崎岖的山路早已寻不到痕迹。这么大的雪，这样美丽的雪景，此刻真应该登上山顶，面对着远山和苍茫大地，一边大声地朗诵着"北国风光，千里冰封，万里雪飘……"，一边看着满天飞舞的雪，将会是多么快意的事情，但一者上山小路已遍寻不着，二者担心唐突了这小山的宁静，最后没有付诸行动。转而一想，在这飞雪的清晨，在这落雪的路上的漫步，轻轻吟诵婉约一些的诗词也合适，于是想到纳兰性德的"非关癖爱轻模样，冷处偏佳。别有根芽，不是人间富贵花"这么好的词只有在雪天，像今天这样漫步飞雪中吟咏，才能意境全出。

只顾着任思绪像雪一样四处飞舞，脚底突然打滑，差点摔倒，本应该换双防滑的鞋再出来的，却因急于出门而疏忽了。其实摔倒又何妨呢，正好可以与雪地来一个亲密的接触，投入雪的怀抱，把自己印在雪地之上。如果有些古怪，只怪这雪太好，这景太美，自己一不小心为之倾倒，也是可以理解的吧。继续前行，图书馆近在眼前，这意味着难忘的雪中行即将结束。此刻，雪仍在漫天飞舞着，但我只能对这些可爱的精灵们挥挥手说再见啦！

不知道今天还有没有雪中行的机会。

希望会有！

雪中行

雪中乐

雪落无声

冬日校园

刘邦华

上大学的时候流行校园民谣，其中有一首《冬季校园》，有几句歌词是这样的："我亲爱的兄弟／陪我逛逛冬季的校园／给我讲讲／那漂亮的女生／白发的先生／趁现在／没有人／也没有风……"北方的冬季是枯寂的，万物静默，所以在冬季的校园里，只能在没有风的时候逛逛校园、晒晒太阳，聊一聊漂亮的女生和白发的先生，多少有些无聊，除非赶上下雪。

青岛从地理纬度上讲是典型的北方城市，很多人以为下雪应该是比较多的，其实事实并非如此。在青岛居住近 30 年，但大部分时候下雪只是漫不经心、细细碎碎飘几片雪花。很多时候因为地温比较高，似乎连雪也了无生趣，落到地面随即融化，搞得到处泥水横流，出一趟门又滑又湿又冷，实在让人难以忍受。也正因为如此，如果能赶上一场大雪，对于很多人而言，几乎如过节一般了。

2013 年的冬天还没有现在这样暖。一场大雪过后，我拿着相机在校园里游走。在教学楼东面的花园，我看到有三个女生在堆雪人，就过去给她们拍了几张照片。三个女生都来自云南，看到下雪高兴得要命，也不管天气寒冷就跑出来玩儿，这个给雪人捏个鼻子，那个给安上耳朵，另外一个琢磨着怎么让雪人看起来身材更好一点儿，三个人鼻子和脸颊都冻得红通通的，像抹了胭脂，不时还要把手放在嘴边哈着气暖一暖。我在旁边看她们玩儿了好一会儿，才起身离开。雪，不过是水的另外一种形态，但雪能带给人的快乐却是独特的。下雨天很少会有人淋着雨漫步，除非有心事，或者有苏东坡"莫听穿林打叶声，何妨吟啸且徐行"的旷达心态。但下雪的时候很多人都会忙不迭地跑出去，男女长幼都能从中寻得快乐。如果要问原因，也许是因为雪的洁白、柔软，让人在雪中感觉被包容、被接纳、被净化，也许每个人会有不一样的理由，也许根本不需要什么理由。至于我，除了和那三个女生一样，喜欢踏雪而行或者在雪中游戏，我更喜欢的是雪后银装素裹的山河，原本黯淡萧瑟的自然因为雪变得明亮而纯净，黑黢黢的远山因为雪而多了层次、软了棱角，变得如水墨画一般意境悠远，如江南春深，如琴音绕梁，如禅院晚钟，似乎雪有一种神奇的魔力，能让一切沉重变得轻盈，一切坚硬变得柔软，一切阴暗变得澄明……想让一个冬天变得美好，值得记住，有一场大雪就够了。

一个偶然的机会，我联系到十几年前堆雪人儿的三位女生中的一位，问她当年的照片还有没有。她很遗憾地说毕业后没几年因为电脑故障，大学里留下的很多东西没有了。我翻找了以前的数据库，找到那张照片，连同一段冬日里的校园记忆一并发给了她。

下雪的时候我在办公室是待不住的，一部分理由是去拍摄雪后的校园美景。有一年冬天雪后，我和同事出门拍摄。那时没有航拍，要想拍摄雪后校园的全景需要爬到五子顶上去。上山的时候走了一条比较平缓的山路，很容易就到达了山顶。山上风很大，风夹着雪打得人睁不开眼。我们好不容易拍完了想要的素材，因为着急下山选了一条近路，比较陡，也比较危险，因为石头覆盖了雪，不知深浅，一方面要小心摔倒受伤，另一方面还要保护机器。我们深一脚浅一脚，一步一滑，总算有惊无险地到了山下。类似这样的经历很多，因为这些影像素材需要靠日常的积累，是常功夫、慢功夫。资料积累到一定程度，前后对比，就有了发展的概念。如果校园有思想，看到以前的旧照片，可能也会由衷地感叹一声："原来这是我以前的样子！"

今年，青岛认认真真下了几场雪，都不小，至少路上都有积雪，平日里熟悉的校园完全换了一副模样。这给了我再一次积累素材的机会，由于有了航拍，不用再次冒雪爬上山顶，所以拍摄起来比较惬意，除了冷。但天冷心热，拍到好的素材也让人心神愉悦。有人问我，校园还是那个校园，去年拍过，今年拍过，有什么不一样吗？这个问题我不知道怎么回答，只知道校园又长了一年，我也又老了一岁，在别人看来相差不大的两张照片，在我眼里，是这个校园里365个日夜的旦复旦兮，日月光华。

更何况，趁此机会好好地感受一下今年的雪，这个冬天才算完美，这一年，才算没有虚度！

山舞银蛇

4 西海岸校区

西海岸校区位于青岛市西海岸新区三沙路 1299 号，占地约 2800 亩，规划总建筑面积 185 万平方米，在校生总规模 2 万人，教职工 2000 人。西海岸校区定位为支撑学校海洋科技创新转化的濒海实验基地和海上试验场、服务产业发展的工程技术学科集成释放区、服务海洋战略对策研究的人文社会科学协同创新基地、融合发展创新示范区、海洋科教体制机制创新示范基地。一期项目占地约 741 亩，建筑面积约 60 万平方米，2019 年 9 月启动建设，2022 年 9 月启用，主要布局工科和应用学科。

▪ 跨越发展

2014 年 7 月，青岛市委、市政府有关领导调研学校时表示，青岛市要在空间布局上加大对中国海大的支持力度。

2014 年 11 月 20 日，学校党政领导班子全体成员经实地考察，决定在青岛西海岸新区建设新校区。

2016 年 11 月 1 日，青岛市人民政府与学校签署框架协议，共建中国海洋大学海洋科教创新园区，确定无偿划拨土地约 3000 亩用于园区建设。

2016 年 12 月 8 日，青岛市人民政府与学校签署合作协议，为校区一期建设提供资金支持，并确定了校区建设进度、学生规模、学科布局、院系设置等事项。

2017 年 3 月 5 日，学校成立黄岛校区建设指挥部。

2017 年 9 月 15 日，中国海洋大学黄岛校区规划和建设工作领导小组成立。

2017 年 11 月，海洋科教创新园区总体规划及一期建筑概念性设计方案通过评审。

2018 年 5 月，中国海洋大学海洋科教创新园区（黄岛校区）更名为中国海洋大学海洋科教创新园区（西海岸校区），简称中国海洋大学西海岸校区。

2018 年 7 月，教育部批复同意学校建设海洋科教创新园区（西海岸校区）。

2019 年 9 月 16 日，西海岸校区奠基。

2020 年 4 月，电子信息楼封顶。

2022 年 8 月，西海岸校区信息楼、工程楼、材料楼、食工楼启用。

2022 年 8 月底，校区搬迁工作启动，7000 余名师生顺利进驻新校园。

2022 年 9 月，西海岸校区第一批 2022 级研究生新生入学，西海岸校区图书馆启用。

2024 年 3 月，体育教学中心及游泳馆项目主体封顶。

1　2014 年 7 月，山东省委常委、青岛市委书记李群来校调研工作

2　2016 年 11 月，青岛市人民政府与学校签署共建中国大学海洋科教创新园区（黄岛校区）框架协议

海洋科教创新园区（西海岸校区）选址地貌

1

2

1 2017年2月，召开海洋科教创新园区规划建设老领导、院士咨询会

2 2017年2月，召开海洋科教创新园区规划建设专家、院系部门研讨会

3 2017年3月，学校领导考察校区选址

4 2017年6月，召开校园总体规划项目推介会

1

2

3

4

1 　2017 年 11 月，专家组对海洋科教创新园区总体规划及一期建筑概念性设计方案进行评审

2 　师生代表对一期建筑概念性设计方案进行网络投票

3 　2017 年 12 月，山东省委常委、常务副省长李群（右三）查看规划设计方案

4 　2019 年 5 月 9 日，西海岸校区规划建设技术导则专家评审会召开

2

1　2019年9月16日，西海岸校区开工奠基仪式

2　2020年1月17日，建设中的计算机楼与电子信息楼

1

2

3

4

5

6

1　2020 年 4 月 20 日，学校党委书记田辉考察西海岸校区建设

2　2020 年 8 月 11 日，校长于志刚考察西海岸校区建设

3　2020 年 4 月 20 日，电子信息楼项目封顶

4　2020 年 11 月，海洋生物资源开发中心项目封顶

5　2021 年 3 月 31 日，学习综合体项目封顶

6　2021 年 4 月 27 日，工程楼项目封顶

1

2

3

1　2021 年，西海岸校区建设指挥部全体人员合影

2　巡查施工现场

3　2021 年 10 月 14 日，西海岸校区建设组图

2021 年 11 月 9 日，西海岸校区一期工程全貌（西向）

1

2

3

1　2021 年 11 月 12 日，学校党委书记田辉调研西海岸校区建设进展
2　2022 年 6 月 9 日，学校党委书记田辉、校长于志刚考查西海岸校区建设工作
3　2022 年 6 月 9 日，学校党政领导、职能部门和院系负责人在学习综合体前合影

1

2

3

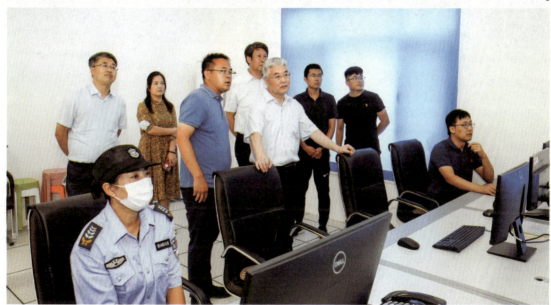

4

1　2022 年 8 月，信息楼、工程楼、材料楼、食工楼先后挂牌

2　2022 年 8 月底 9 月初，学校各有关单位搬迁工作陆续启动。图为学生在搬迁路上

3　2022 年 9 月 4 日，学校党委书记田辉检查西海岸校区迎新工作

4　2022 年 9 月 28 日，校长于志刚检查西海岸校区日常运行管理工作

2023 年 10 月，西海岸校区一期工程全貌

▪珠山四时

　　新校区坐东朝西，西依大珠山，东临黄海。东门过马路是绵延一公里有余的沙滩，名为金沙湾，大概是清晨阳光初照时，沙滩呈金黄色如遍地金沙，故名。海上不远处是中国海岸线北方第一高岛灵山岛。清晨如果想看日出，只要找一个好天气，早起在校园里能看到海的地方随便一坐，就可以欣赏到"万丈光芒染海风"的盛景。日出的位置夏天在岛左边，冬天在岛的右边，春秋季就会从岛的后面升起来，每天不一样，如同一个调皮的孩子在跟人捉迷藏。春秋季的白天，阳光和煦，微风轻柔，在校园里漫步，独行或结伴，都是极为惬意的。至于夏季和冬季，由于校区新建，树木新植，室外要么烈日当头、酷热难当，要么北风凛冽、寒气逼人，不如安心在图书馆的大落地窗前看书、看海就好，毕竟偌大的校区，树和校园的成长都尚需时日，急不得！到了傍晚，太阳会跑到山那边去，不同的季节日落的位置也不一样，随着时间一天天从冬到夏复又从夏到冬，太阳就在山峦的峰与谷之间移动，今天在一个山尖尖上，过几天再看，就跑到山沟沟里去啦！有时候看着日落出神，觉得一天过去得太过草率，那就回头望，远处灵山岛的山巅尚有一丝微光，月亮正在升起来，而校园里的许多窗户，正反射着最后一抹夕阳的光，如同一只只晶亮的眼眸，与这平常的一天做庄重的告别。感伤么？多少有一些，毕竟看到太阳落下去，仿佛感到时间正如同细沙，从指缝里漏出去，缓慢、轻柔而决绝，没有一丝一毫的犹疑与留恋。但感伤也只是那么一瞬间，既然不可挽回，不如坦然接受这旧时光的离去，并心怀喜悦，迎接新的到来——就这么想着，最后的一抹余晖已几不可见，夜色姗姗来临，一个更宏大的世界正徐徐呈现，一曲更磅礴的乐章正在奏响：

　　来，我们一起仰望，这山海之上的璀璨星空！

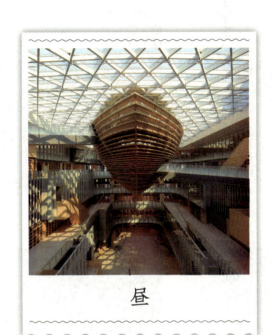

昼

266

热烈与宁静

马琪颖

海大的西海岸校区，大部分时间表面上是沉默而平静的，温暖得让人安心，当你仔细去寻找时，又会感受到无时无刻不在迸发着的青春的热烈，如同从你身边经过的一张张富有朝气的脸庞一样。

临近早 8 点，行走的脚步声，小电驴急驰而来又飞驰而去的呼呼声，书包与肩背的撞击声，偶尔的一两声呵欠，三言两语的轻笑低语……路上的各种声响一点点冲破了清晨的寂静，然后又慢慢在教学楼铃声响起时逐渐散去，道路上飞扬的尘土缓缓落地，被晨露压弯腰的野草颤颤巍巍挺直身子，悬着的叶颤了一瞬终是飘舞着落下——热闹过后复归于宁静。再次冲破寂静的是正午的铃声，蜂拥而出的人群热切地向同一个方向奔去，一批又一批涌入距离综合体最近的食堂。食堂内瞬时喧闹起来，各种声音与混杂的饭菜的香气充盈着每个角落：有排着长队扬着脑袋思考着点什么的，是吃烤鸭还是排骨？吃铁锅鸡还是麻辣烤鱼？或者不如尝一尝刚上新的口水鸡？……叔叔阿姨们麻利地忙着手里的工作，煮白面、煮鸡鸭鱼肉、煮麻辣烫、煮麻辣香锅、炒米粉、卷鸡蛋灌饼、卷锅盔……沸腾的水在锅里欢跳，锅铲勺将它们混匀搅拌，热气里混着浓浓的鲜美香味直冲入人的鼻腔……在这样热闹的午餐时间，有时候能听到角落里的钢琴声，从指间悠扬地缓缓奏来，温润柔和，质朴纯粹，像汩汩泉水般，抚平无数躁动的心；偶尔能听到倾泻而出的古筝声，典雅优美，有力的旋律让人不觉放慢动作，压低声音，在绵绵余音中，细细回味。

闲来无事，徜徉在黄昏中的融合路，抑或漫步在少许喧闹的山海北路，总让人感到温暖缱绻，呢喃着欲称赞一句，却欢喜得让人最后失声。夕阳似乎不舍离去，走在路上，踩着斑驳的光影，步伐也不自觉变得轻盈，路旁的灌木紧紧相拥着，高高的大树投下长长的影，深绿的叶子或明或暗，俏皮地在夕阳下舒展开来，层层叠叠，上面洒着零星耀眼的光。风从山那边急匆匆而来，到了眼前却放慢脚步轻轻地拂过，像是在和树叶游戏，偶尔轻轻地触碰人的耳畔拂过长长的发梢，如蜻蜓点水，留下一圈涟漪，无声荡漾，水波明暗交错，像黑白的钢琴键，正悄悄奏起一曲温柔的纯音，音符伴着脚步，似乎毫无章法，却自由惬意。抬头看，

映入眼帘的是不见边际的晚霞，延伸到远山的后面，深浅不一的橘色铺满天空，间或有灿烂的金黄，边角处还透出淡淡的粉，半遮半掩的云如初试红妆的女子，几分羞几分怯，却任由晚霞热切地铺陈。行人的眼眸中，都是她美丽的模样。校园里夜色渐起，路上行走的人，戴着耳机慢跑的身影，亮起灯的窗户、远处慢慢吹来的带着点咸味的海风，一切具象又抽象，涌动的生活节律，坚定而温柔。

落日在山边渐渐落下，牵着丝绸一般绚丽的晚霞西去，星月爬上昏暗袭来的夜空，浩海广场的路灯悄然亮起……教学楼里，透过窗帘总能看见埋头书海中的人影，昨天是我，今天是你，明天是他……笔下匆匆，书写着似锦前程。越过一级一级阶梯，在浓厚的夜色和朦胧的月色里，走进图书馆。"创想之舟"悬于大厅正中央，一圈一圈金色的灯带似乎寓意着希望与力量。安静的图书馆，仔细倾听，会听到书页翻动的声音，笔尖划过纸面的声音……时间在此刻好像停止了脚步，在看大家赶路；又好像在用不容置疑的语气在催促大家前行。泛黄的灯光柔和地泼洒，在青春意气的身上、在坚毅挺拔的身上，在承载着浩瀚星海般理想的身上。一排一排书架、一本一本书卷，淡淡的书香萦绕，聚拢而来又四散而去，似乎有着它自己的方向，也给人指引着方向。

再次走入夜，微冷的海风让人不自觉缩了缩身子，拽长了衣袖，拢紧了外套继续走在静谧的夜。路边擦肩而过夜归的人，向着不同的方向大步而去，融入夜色。周边的一切好像陷入了沉睡，模糊的月光浅浅地浮动在路边的池塘里，映出一片波光粼粼的澄澈，还有微微晃动着的看不太清的树、野草与花的影子。

向前，脚下是温暖的光，路灯照亮着来时的路，也照亮了前行的路。

创想之舟

云起山海间

住在校园

海风

寒假期间，几位大学同学去看望母校的一位老师，约我同去，因为时间原因，只能托他们代为问候。上学时这位老师的家与校园一路之隔，房子是几十年的老房子，与几位同学去过一次，狭窄拥挤，除了简单的家具之外，都是书。那天，老师留我们吃饭，师生相谈甚欢，成为大学里为数不多的回忆。之后好多年，老师都住在老房子里，也许是因为习惯，更多可能是方便，上下班自是不用车马劳顿，平时可以经常邀学生去家中，师生谈天饮茶吃饭，亦师亦友，感觉自是与在课堂上大为不同。好多年未见，老师早已退休，音容甚至都有些淡了，但当年去老师家的情景仍念念不忘。

1997 年，我毕业来到当时的青岛海洋大学工作。报到那天，天晴日朗，办完手续后，我出鱼山路校门左拐，过马路上台阶，沿石板路前行，右拐再左拐，然后生平第一次看到了大海。或许是汇泉湾比较封闭，带来的视觉冲击不够强烈，只记得在海边礁石上坐了很久，吹了吹海风，其他并没有多少深刻的印象。后来才知道，经过的那条小巷旁边的一幢小楼里，住着许多学校的老师，其中就有文圣常院士。因为工作的原因去过文老家几次，也是几十年的旧房子，结构奇怪，房间窄小，客厅的窗户前有一棵高树，窗外可以看到行人稀少的巷子与石板路。每次去，文先生总是早早在房门前等候，走的时候，又送到门口并目送我们离开。在鱼山校区的近十年里，经常会在路上碰到文先生，提着旧式的文件包，沿着六二楼旁边的石板路，走着去办公室。后来搬到崂山校区后，见文先生的机会就少了。

人云"安居方可乐业"。20 世纪 30 年代，从闻一多、老舍、梁实秋、沈从文、洪深等大师名家，到初入职场的青年才俊，入校后或住教员宿舍，或在学校周围租住，从校园里的一多楼，到大学路上的老屋，再到福山路朝向汇泉湾的山居，处处都留下了属于那个时代的音容与旧影，虽然依现在的标准来看，条件大致并不十分优渥，但居有所住是可以肯定的。

办完报到手续，下班时乘班车赶到浮山校区，找房产办老师领了单身宿舍的钥匙，就算在青岛找到了容身之所。单身宿舍 15 平方米左右，两人一间，卫生间公用，走廊很窄，中间摆了很多液化气罐，每到做饭的时候，饭菜香气混合着油烟会飘满整个楼道，久久不散。此外，走廊里往往堆满杂物，经常成为老鼠栖身之地，但人鼠共居互不干涉，也算一道奇观。在单身宿舍住了一年多，赶上了学校的最后一次分福利房，至今印象深刻。

分房是在鱼山校区逸夫馆大厅进行的，时间是周六下午。那时住房制度改革刚刚启动，商品房仍然是新生事物，不被大多数人所了解，因此对于很多像我这样的无房户来说，能否赶上福利房的末班车，是事关此后多少年生活幸福与否的人生大事，必须高度重视。开始之前，房源和报名人员都进行了公示，我刚参加工作一年多，自知没太大希望，但积极争取的态度是要有的。分房现场非常热闹，大家人手一份房源清单，随着一套套房子被前面的人选走，后面的人不断调整着自己的预期。差不多整整一个下午，我和很多刚参加工作的人一样，都是现场的看客，但看到如愿选到房子的人欣喜的表情，自己的情绪也会受到感染，反正本来也不抱太大希望，所以并没有多少失落感，而是真心为他们感到高兴。越到后面，成套的房子没有了，只剩下一些"团结户"和不成套的小房子，这个时候反而有点儿担忧了，担心万一排到自己，这样的房子到底要不要？不要？有一个机会摆在面前你放弃了，至少在当时看是一个损失。要？有些房子可以想见是没法住的，要了该如何处置也是问题。好在，允许我纠结的时间并不长，当还差三五个人到我选房的时候，最后一间房子被人选走了。那一瞬间我长出一口气，现场

甚至响起了掌声。大概大家的心情是一样的，有解脱，有失落，也有茫然，毕竟是最后一次福利分房了，单身宿舍并不是长久之计，以后该怎么办，自己并不知道。

时代变化有时候让人猝不及防，没过多久，住房商品化大潮汹涌而来，我和很多同事一样，很快买了属于自己的房子，这就是另外一个故事了。

浮山校区于 1992 年启用，校园内建有教工宿舍，建成后解决了一大批教师的住房问题。21 世纪初中国高等教育大发展，学校办学规模迅速扩大，鱼山校区和浮山校区的教学条件和设施已远远不能满足需求，教师住房也是如此。2004年，学校崂山校区奠基，虽然新校园面积约是两个老校区面积的两倍，但由于政策的限制，并没有规划建设教工宿舍。而此时住房商品化已然成为社会发展的大潮流，加上收入水平的提高，自购住房成为大多数人需要面对的必选题，所要回答的不再是"买不买"的问题，而是什么时候买、去哪里买的问题。于是，大家居住得越来越分散，住在校园里似乎已然成为一种遥不可及的奢望。其实，我并非对住在校园里有多少执念，早年的校园住宿环境与商品化住宅小区也相差太远，这么多年也早已习惯了朝八晚五的上班生活。现在各种交通方式都很方便，只要不住得太远，通勤时间一般也可以接受。只是可能在潜意识里，觉得在大家的匆忙来去中，大学校园似乎缺少了一些什么。

寒假结束，与朋友小聚，她告诉我她在西海岸校区的房子已经完成装修，随时可以入住的事情。我们调侃她住着崂山的大平层还惦记着西海岸的两居室。她笑着说，自己就喜欢住在校园里的感觉，这房子是留着将来养老的。这话大概率是玩笑，但我的一些认识似乎在她这里得到了印证。

西海岸校区 2022 年投入使用，一期配套建设了 1000 多套教师公寓，规划中还有二期，如期建成后，基本可以满足学校教师的住房需求。但时移事易，时代发展到今天，人们对于住房的态度与需求与 20 多年前那次分房相比早已判若霄壤，所以分房时也就没有了当年那么紧张的气氛，最后大家基本选到了满意的房子，还剩下了不少的房源，这大约可以算是时代进步的证据之一了吧。

走在初具规模的西海岸校区教师公寓区，很多人家正在装修，路旁的树木已经吐出新绿，玉兰等也已绽开一抹颜色，偶尔会见到有入住的年轻老师推着婴儿车在广场上散步……看着小区外的大珠山，温暖的阳光中竟有些恍惚，当年那个有些懵懂的去老师家串门儿的青年，不知不觉中已年过半百，让人不禁心生岁月不居、青山依旧的感慨。但总有些东西，虽然历经岁月磨砺，总能历久弥新，并在教室、办公室和实验室之外，给大学生活增添一个更新、更丰富的维度。

对老师，对学生都是如此。

云起灵山湾

学习综合体夕照

夕

登大珠山记

刘邦华

青岛境内多山，高的有崂山，海拔超过 1100 米，是我国万里海岸线上的最高峰，低一些的有小珠山（海拔 725 米）和大珠山（海拔 486 米），再低一些的就是浮山、太平山、信号山、小鱼山等。这些山峰起伏错落，在青岛市域星罗棋布，与楼宇掩映，与街巷纠缠，形成了典型的"城中有山，山里有城"的城市风貌。同样，中国海洋大学的四座校园，要么校内有山，要么坐落在山脚下，以海为名的大学，其校园或以山为名，或与山相依，山的存在不仅丰富了校园的景观层次，也让这所大学的性格里蕴含了某种山的品格与特质。

当有人问起英国登山家乔治·马洛里攀登珠峰的理由时，他的回答是"因为山就在那里"。普通人自然不会去做攀登珠峰的梦，但登高赴远似乎是人的本能。鱼山校区校园周围的小鱼山、青岛山、信号山等都不高，海拔不过百米上下，因此哪怕是茶余饭后，想登高一望，也并不是什么难事。如果不想出校门，校内还有八关山可供选择，只需十几分钟，就可到达山顶，海拔不高但视野开阔，红瓦绿树的青岛老城、平静海湾的点点帆影尽收眼底，更重要的是因为地处校园内，所以不会有熙来攘往的游客，在四周都热热闹闹的旅游季，能得一份清静实在是难能可贵的。浮山校区地处浮山南麓，地势自北向南由高而低，以前从校园里的高处、宿舍里的窗户都可以看到黄海的波涛，现在海边建起的高楼遮挡了视线，要想看海只有去登浮山。浮山为崂山余脉，东西向，有山峰九座，最高峰368米，山势较为险峻。浮山最西端为西峰，海拔最低，是赏日落和青岛市景的最佳处。最东侧为东峰，山势陡峭，在山坡上可以俯瞰崂山区市貌和石老人海水浴场。后来浮山经过改造，建成了森林公园和环山绿道，差不多相当于浮山校区的后花园了。崂山校区所在区域已经进入了崂山风景区的范围，在校园里很多地方抬头东望，可以看到远山如屏、近浓远淡。但这些山大部分都是野山，除非熟悉道路的驴友，普通人不建议去。崂山景区比较远，范围也很大，不管去哪条路线，至少都要花一天的时间，只能偶尔为之。在校园西侧南侧都有山，不高。校区新建时经常和同事登上山顶去拍摄建设进展，现在这些山脚下都建起了高楼，已经找不到上山的路了。校园里有小山名为五子顶，有一南一北两个小山头，崂山校区刚启用时山上没有太多树木，光秃秃的，现在已经长满了松柏和刺槐，有数条小径通至山下，可供人行。五子顶不高，可以当作饭后散步的去处，北侧山头早晨可以看日出，平日里只要天气晴好，还可以遥望崂山里云光山影；南侧山头西向视野开阔，傍晚时候可以看日落，据说天气晴好时可以看到胶州湾，对此事存疑，反正我没有看到过。这段时间学校花大力气在整治鱼山校区八关山和崂山校区五子顶的环境，五子顶山头公园、山下广场以及环山道路都已有了大致形貌，想来完全建成后上山下山都会轻松、惬意许多。

看过一本关于旅行的书，其中有一种观点，当人面对或雄伟壮阔或冷峻险绝的高山大川，在似乎亘古不变的空间与不舍昼夜的时间面前，对于生命的短暂与脆弱会更容易理解与包容，消解面对无法改变与无力左右的困境的焦虑，为自己的精神与心灵找到一个出路。但常人所理解的旅行需要有时间和物质的保障，说走就走对于很多人连梦想都不是，只能是神话。但吃不到珍馐美味，粗茶淡饭也是生活，去不了名山大川，身边的山岭河溪又何尝没有诗意？对于普通人来说，重要的不是爬什么山、能不能登顶，而是攀登的过程，这是一个融入的过程，也是一个吸纳和放松的过程，通过融入自然放松身心，对于很多人而言，是一种非常易得也有效的疗愈，对此我想大多数人应该是赞同的，即便不经常登山。

西海岸校区名字里没有山，但同样依山而建。与八关山、浮山和五子顶不同，大珠山是一处景区，需购票进山，可办年卡。去年景区新建了游客服务中心，

规模很大，看来要想和浮山那样成为公益开放式公园已不可能。2023 年春天时，景区免票，恰好赶上大珠山著名的杜鹃花季，因此和几名同事去爬山，约略记于后。

　　景区入口距离校园并不远，但仍需交通工具，和浮山那样徒步不现实。进入景区，首先看到的是一个大湖，水光潋滟，山色空蒙，有水，山便有了灵气，有山水也有了韵味。从进山到杜鹃花海之处需要步行一段较远的距离，好在基本都是平路，台阶不多，对于体力弱甚至行动不便的人比较友好。我们到达的时候，杜鹃花开得正盛，整整一个山坡开满粉红色的杜鹃，让人叹为观止。赏花的过程中需要爬山，山径就在花丛中曲折穿行，山拥花、花伴山，一步一景，要比在平地里赏花更多一份雅意，当得起"春来飞红第一山"的美名。登上山脊回头看，山谷里杜鹃花海的粉红与远处大海的澄碧相映，"面朝大海，春暖花开"的诗意在这里尽情挥洒，引人流连。很多登山者都是为赏花而来，所以这一段路人比较多，赶上周末或节假日往往人满为患。再往后行，沿山脊走一段，又是很高很陡的台阶，到这里后游人稀少，可以从容前行。登上这段陡坡，来到一处山顶，地势平坦，视野开阔，左看灵山湾，右看观龙湾，如果有时间，赶上天气晴好，可以在此处小驻，极目骋怀，观山观海，不失为一大乐事。到此处可沿原路返回，也可以继续前行，一直到石门寺处下山，全程需要 4 小时左右，好在需要攀登的路不多，后半程基本是下坡，不会消耗太多的体力。值得一提的是，途中虽然少了攀爬的乐趣，但随处可见的怪石，山环水绕的景致都让行程不至于枯燥无味，在有些角度上还可以遥望校园，所以即便不是花季也大可一游。大珠山的杜鹃花主要有两个品种，开放时间相差大约半个月。两个花季我都上山看过，一种粉，一种红，第一次只赏了花，第二次走完全程，也算对这座山有了粗略的认识。个人感觉大珠山是个不错的周末踏青郊游的路线，与浮山类似，不算很高，容易抵达，大部分人都可以完成；又不算太低，路线足够长，需要一定时间和体力上的保障，使一次出行能够相对正式，更像一次出行，而不是如八关山和五子顶那样只是饭后的散步。当然，仅两次登山很难得出相对全面的认识，大珠山还有其他的路线等着去体验。因此仅从路线和景观丰富度上来说，大珠山相对于其他三个校区的山，观赏性与攀登体验要好很多，值得一去再去。

　　又是人间四月，处处芳菲。过了清明假期，大珠山的杜鹃花又要开了。

东区水系

灵山湾夕照

"食"在西海岸

海风

民以食为天，自古如此。

前段时间整理一些历史资料，找到一张比较有趣的照片。照片的拍摄年代大约是 20 世纪 80 年代末，内容是在一间低矮、简陋的小平房里，同学们拿着饭票购买牛肉火烧。照片记录的事情在今天看来是微不足道的小事，但在当年却颇有意义，否则也不会在拍照手段没有普及的情况下，专门用相机记录下来。1989 年，中国学生营养促进会成立。促进会结合世界卫生组织 2000 年人人享有卫生保健的战略目标，制订了我国 1991—2000 年十年学生营养工作计划，同时确定每年 5 月 20 日为中国学生营养日。在这样的大背景下，学校集思广益，想法子、找路子给学生加餐，精选原料、纯手工制作的牛肉火烧，在食品种类仍然匮乏的年代，成了学生课间加餐唯一也是最好的选择，烤得金黄酥脆、香气四溢的牛肉火烧也成为当年很多在校学生最温暖的回忆之一。如今，学校饮食又恢复了加工牛肉火烧的传统，也颇受师生欢迎，但在花样繁多、口味多变的选择面前，牛肉火烧早已褪去了当年的光环，成为了大家食谱上的一个普通选择之一了。

女儿就读的大学在省会济南，是一个新校区，远离市区，树小墙新，校园整洁，除了没有多少底蕴，其他都还好。有一次打电话的时候她说想吃家里的馒头包子，我们很奇怪地问她难道学校的面食不好吃？她说学校的餐厅没有馒头包子卖，面食只有面条、饺子。想了一想我们恍然大悟，她学校的餐厅我去吃过两次，印象里没有大灶，全是小食，一个食堂分成很多小摊位，类似于美食街那样，让人眼花缭乱，一进门五颜六色的招牌、此起彼伏的吆喝与各种佐料杂糅在一起的浓烈气味扑面而来，各个摊位经营不同的品种，但主食大多只有米饭，对于习惯面食的北方孩子来说，填饱肚子是没问题的，也仅限于此。当然，没有馒头包子也不是吃不饱饭，但学生来自天南海北，都有不同的饮食习惯，学校餐厅应该尽可能照顾到个性化的餐饮需求，而不能只考虑节约成本、方便管理，搞一刀切式的"快餐"。

西海岸校区有两处餐厅，东区听海，西区望海，都有大灶，也有很多孩子喜欢吃的各地特色餐食，最大限度地照顾到了每个学生的饮食习惯。东区一楼、西区三楼还设有自选，丰俭由人，不浪费，挺好！现在生活条件好了，吃饭的目标已经不是吃饱，还是吃好，既要吃得营养，又要吃得健康，这对学校饮食工作人员而言，也是不小的挑战。但有挑战就有动力，各个餐厅今天你换个花样，明天我上新品，今天推出减脂健康餐，明天奉上网红特色美食，主打一个吃不掉队，不来后悔，有趣儿，好玩儿品！日常生活的烟火气与青春活力相得益彰，这才是大学校园该有的样子。

大学新校区的建设与城市的发展是一个良性互动的关系。原有校园不能够满足学校事业发展需求，就需要建设新校园。一座功能完备、设施齐全的新校园占地不少，在发展成熟的城区不可能有如此大面积的未开发土地可供选择，只能往城市边缘走，从浮山校区到崂山校区再到西海岸校区都是如此。新的大学校园的建成，短时间内大量人口的涌入，会直接带动校区周边城市配套及消费市场的发展，崂山校区启用之后，校园北门外的大集上，摊贩们的生意都比以前好了许多就是一个例子。西海岸校区南侧是一个村落，以前当地村民主要以渔业、养殖业为生。新校区启用后，村里街道两侧饭店、商店一家接一家地开起来，成为师生就餐、购物的新去处，而随着周围城市配套的不断完善，整个区域的城市面貌也在快速发生着变化，如同青春期的少年，一天一个样儿。村里也有大集，每到赶

集日，同学们三五成群去赶集，集上各色水果、小吃应有尽有，只要注意饮食卫生，也是校园生活不错的调剂。我不太喜欢热闹，赶大集没去过，但在周边的店吃过几次饭，各有特色，菜品多以海鲜为主，因为海边比较近的关系，所以海鲜都非常新鲜，价格也不贵。

说到海鲜，不能不提在西海岸校区生活的另外一个乐趣，那就是赶海。

大海近在咫尺，看海不再是什么奢侈的事儿，而是成了习惯，在办公室、教室、餐厅、马路上，经常一抬头或低头就能看见，如果不喜欢海，那可是一件痛苦的事了，可真有人不喜欢看大海吗？想去海边也容易，步行10分钟左右即可到达，如果走在校园路上，看到两三个学生提着小塑料桶往外走，那大概率不是去挖沙，而是去赶海。

赶海最好选退大潮的日子，每到月中月底，潮水退出去好远，露出大片的石滩，浪花在远处翻卷，似乎在召唤你。你不理不睬，只顾低头去找那些长在礁石上的海蛎子和浅水洼里的小海螺，海蛎子比较麻烦，需要用工具从礁石上往下撬。曾见有当地人用小刀撬开蛎壳，刀尖挑出一点点软软的蛎肉直接送到嘴里，据说极鲜美，但性属生冷，脾胃虚弱者慎食之。抓螃蟹需要翻石头，几乎每块石头下都有一大堆，大部分都是小小只，一下被暴露在光天化日之下，它们惊慌失措，四散逃窜，从一块石头跑到另一块石头。如果是小朋友这时候会兴奋得尖叫，哪只都想要，往往最后一只也没抓到。但成年人对这些小东西不屑一顾，眼睛只盯着那些大只的，但大螃蟹都是隐士，都藏在大块石头下或者深水里，找到它们需要运气。这片海区以前是海参养殖区，据说有人赶海捡到过海参，这种好运气恐怕比抓到大只的螃蟹更为难得了。人挑剔的结果往往是最后一无所获，但谁说赶海必须收获多少蛎肉、几只螃蟹呢？玩乐是隐藏在人内心世界深处的天性，凡事都要有所收获就流于功利，生活会少了很多乐趣。吹着海风，听着轻柔的潮音，嗅着大海的气息，或者抬头看看浩海无边、明月东升……在某一个瞬间敞开心扉、放下心思、整理心情，还能有比这更值得欣喜的收获吗？如果能海边月下散步游走，谈天说地，更是极为美好的事情。天晚了，回到宿舍，将赶海所得简单清洗，开水一烫，蘸调料入口，唇齿留鲜，可以为这西海岸的一天画上一个完满的句号。需要提醒的是，赶海需要注意安全，礁石都比较滑，需要小心滑倒；涨潮时速度比较快，需要时刻关注潮位变化，以免被困。

除此之外，校园里还有免费的水果可以吃。崂山校区五子顶上有桑葚和杏子，

桑葚长得一般，而且容易生虫，虽然原生态，但吃着难免有心理障碍。杏树三五棵，每年都会结很多杏子，我几乎都吃过，口感要比市场上的杏子好很多，但成熟的时间太过集中，很多来不及吃都落在地上，成为蚂蚁们的美餐。到了西海岸，校园里没有了杏树，但还有桑葚。校园东北角的荒地里，有几棵桑葚树，结的果子又大又甜，我和朋友每每中午吃完午饭寻了去，摘了大把大把地往嘴里送，一会儿就吃饱了，正好弥补跋涉而来给肠胃造成的亏空，吃相略有不堪，有些忘乎所以，反正没人看见。桑葚树周围还有几棵核桃，目前为止还没有采到成熟的果实。果树是征地前的遗留，以后随着校园建设不断推进，这些树大概不会保留，所以，且吃且珍惜！

西海岸校区黄昏组图

珠山夕照

华灯初上

夜

夜色阑珊

山海间的绽放

徐宋娟

曾经，西海岸是一个遥远的存在。虽然仅仅隔着一个几十公里的海湾，但这里的山、这里的海、这里的城、这里的人都透着一股陌生。只有每年 4 月漫山红遍的杜鹃花提醒着我们，这里还有一座大珠山，山的那边就是碧波万顷的黄海。山川起伏，海天一色，注定在等待着一场奔赴。

2016 年的秋天，珠山脚下，一幅属于中国海大的新蓝图开始缓缓展开，一颗种子也在我们心中开始发芽。从鱼山到浮山，从浮山到崂山，中国海大，总是依山而立、向海而兴。这一次，我们依然选择在山与海之间展开新的画卷，食品科学与工程学院有幸成为第一批搬迁的单位。而我们，也光荣地成为西海岸校区第一批"居民"。

回想着建设阶段的无数个日日夜夜，我们充满期待地畅想并规划着学院大楼的样子：每一栋建筑的造型、每一面墙体的颜色、每一个功能区的设计、每一个房间的布局和用途、每一条管路的走向、每一件设备可能的位置……在一张张图纸中，在一根根线条中，在一个个数字中，我们用心设计着学院的未来。

我们一次一次往返上百公里，古镇口、三沙路、高峪村、灵山岛、海军公园……这些陌生的名字渐渐成为我们眼中、口中熟悉的存在。印象最深的一次是学院组织工会活动，学院老师几乎全员出动，到西海岸校区时刚好赶上食工楼开始施工。回想那天下午，几十个人围在一起，注视着几台挖掘机此起彼伏地打孔、挖基坑……没人说话，没人拍照，没人介意漫天的尘土，没人介意震耳的轰鸣，大家就那么静静地看着。那一刻，夕阳从大珠山顶上斜照下来，照在每一个人的脸上，大家的眼眸中都闪烁着夕阳的暖光，那是对未来的憧憬，对新天地的渴望。从奠基、封顶到落成启用，我们见证了食工楼和海洋生物资源中心大楼的每一个时刻，亲眼看着它们一点一点变成我们梦想中的样子，如同看着一颗种子慢慢发芽、长大、开花结果，那种喜悦无可描述。

刚搬到西海岸校区时，宏伟高大的建筑、宽阔敞亮的实验室、崭新的仪器设备以及山海相望的美景给大家带来了久违的新鲜和兴奋。搬迁之日，几千响鞭炮齐鸣，预示着我们的未来也将是一片红红火火、热闹非凡。但也许是早已习惯了鱼山路 5 号绿树成荫的古朴厚重，习惯了大学路红墙古木的文艺典雅，习惯了在近代与现代中穿梭的悠然时光，等搬迁的兴奋褪去，大家开始陷入各种不适：到处是建筑工地、树小墙新的校园，不像市区那般温润而是裹挟着尘土的凛冽海风，校区周边各种配套的不足，每天三四个小时在路上的奔波抑或重新买房、租房、装修、搬家的折腾，无法兼顾老人孩子的煎熬……生活节奏完全被打乱，一切都需重新构建，一段时间里，疲惫困扰着每一个人，焦虑萦绕在每一个人的眉间心头：我们甚至开始怀疑当初的选择：这一切是否值得？

如同梅花绽放前总要经历寒冬、黎明到来前总有黑暗一样，所有的美好都不是轻易就能获得。当我们第一次经历了西海岸的春暖秋凉和夏雨冬雪，第一次看到了灵山岛的日出和大珠山的月落，第一次感受到了创想之舟的雄伟和震撼，第一次体验了在办公桌前抬头见山海辽阔的惬意，慢慢地，如同海浪漫过沙滩的粗糙，我们的焦虑开始一点点被抚平。

当西海岸校区的第一个春天来临时，突然出现在校园各条道路旁、各个角落里怒放的一树又一树樱花，刹那间就戳中了我们每个人心中最柔软的那一部分。樱花之于海大，是一年一度的轮回，是山海间不变的约定，我们透过繁花望见学院楼，如同当年在鱼山樱花树下远眺六二楼的红色尖顶；我们徜徉在高峪路长长的樱花道上，品味着和崂山樱花大道上不一样的心情；我们看到越来越多的人喜欢在校园里赏花、拍照，看着每一栋建筑都在樱花的掩映下变得庄重典雅。这终究是我们的海大园啊！虽然她刚刚露出新面目，还没有来得及好好装点自己，一切都还有些稚嫩，有些空白，甚至还有些凌乱。但我们眼见着她正在一天天变得更好：今天这里开了一树花，明天那里添了一抹绿；体育馆封顶了，新建筑的规划批复了；食堂又多了新的菜系，班车更加便利了……我们有幸能感受她的每一点变化，有幸和她一起经历这段成长的过程，岂不是另一种美好？

眨眼间，搬迁已有两个年头了，西海岸成了我们的新家园。两年来，我们经历了太多，有喜有忧，有苦有乐，但我们始终坚信未来、期待未来。我们奔赴了山海，还将继续追逐星辰，只为不负心中所爱，不负百年期待。

星空下的西海岸校区

灵山岛晨曦

朝

日出

刘邦华

　　新校园离海比较近，近到似乎触手可及，每年夏天的潮湿是难免的。在春末夏初的一个多月里，海边时常大雾弥漫，有时整整一周难见天日。大雾起的时候也很随性，经常刚才天还是好好的，走在路上，没来由地一阵风起，便有一团团的雾从海上飘来，很快天地之间便陷入一片混沌。没有了阳光，气温也总是上不去，整天凉凉的、湿湿的，这种日子着实让人难挨。

　　当然，居于海边也有好处，那就是时常可以看到日出。

　　看日出首要的是要有好天气，现在天气预报比较准，还可以告诉你精确的日出时间，提前查一查预报，加上自己的判断，大致不会错的。在青岛，春天天暖后，海雾未起，晴天会比较多，但经常会有霾。初夏雾天较多，好天气十能有其一就不错了，盛夏雷雨后一般会有极美的日出与朝霞，但日出时间太早，起床对大部分人是个挑战。秋天是看日出最好的时候，尤其是一夜北风吹过以后，天空和洗过一般干净，日出也清澈而通透。冬天则太冷，而且雾霾一般较重，即使有日出，也如打散的一只不新鲜的鸡蛋，一片昏黄，不如睡觉。在青岛东部市区，由于海岸线大致是东西向，所以看日出还要根据季节来，夏季太阳会跑到崂山的后面升起来，只有到了晚秋或者初冬，才能看到海上日出的盛景，但寒冷的冬日早起去海边看日出需要极大的勇气。西海岸校区东向是大海，看日出要容易许多，即便太阳从灵山岛的后面升起来，也是极美的。

看日出要早起。以前因为住所距离海边尚有一段距离，所以需要提前大约一小时起床。现在则从容多了，一年中有一段时间甚至可以从家里阳台上看到，简直不要太奢侈。但如果想要看到完整的日出，早起的仪式感还是需要的。天色尚有一点黯淡，路灯还亮着，旁边的房子都黑着灯，人们还在美梦或噩梦的尾巴里流连或挣扎，连狗儿们也都睡着。在黎明的微光里很快走到海边，已经能听到海的声音了，但近处的海面仍然什么也看不到。小心地走下沙滩，等眼睛慢慢习惯了周围的黑暗，就看到周围礁石黑乎乎的影子和映着一点点黎明前的天光的海面，远处天边刚有一丝青灰色的微明，远山的轮廓安静地卧在海天相接处。这时的海边，除了大海有节奏的呼吸和附近草丛里虫子的呢喃之外，其他什么声音也没有，整个世界仿佛蜷在臂弯里睡着的猫儿，温婉而恬静……

慢慢地，启明星的光黯淡下去，天边开始露出一抹微红，起初仅仅是细细的一线，很快就向更高的天空浸染、弥漫，而海天的界限越来越清晰，色彩越来越浓艳明亮，由淡粉、浅红、深红再到橙黄，随着天空越来越亮，远远近近的景物都开始在晨光里明晰起来。

人为什么喜欢看日出，不知道是不是有科学的解释。在人类的古老文明里，太阳崇拜是最早的崇拜形式，关于太阳的神话是一切神话的核心，因为在古人看来，太阳代表了新生、光明与温暖，直到今天，很多宗教仍然要求教众在日出时面向东方祈祷。至于自己喜欢看日出的原因则很简单，每次等待太阳升起的时候，那种期待与欣喜，仿佛守候着一个即将诞生的新生命，又似与神交已久的友人的初遇……"人生若只如初见"一句似有落寞、忧伤的情绪，但"初见"总是美好的，虽然太阳每天都在升起，但每天都是新的，每天都是"初见"。除此之外，日出时，周围的环境由黯淡、清冷逐渐变得明亮而温暖，会给人在情绪上以正向的暗示与引导，对于精神或者心灵上的健康大约是会有益处的。

天越来越亮，海面上开始出现一小片亮黄色，那是太阳即将升起的地方。有一道道光射向天空，将云层的边缘涂抹勾勒，海面上浪花翻涌，如万千双舞动的

手臂，迎接着太阳的升起：开始如秀眉一弯，慢慢如秋橘一瓣，短短几分钟，一轮明晃晃的太阳已经跃出水面，海水起伏着，似乎在托着太阳升起，又像在挽留着新的一天到来的脚步……太阳也像有所眷恋似的，在海上留下她的倒影，起初是连在一起，慢慢地，一个上升，一个下降，最后分开，太阳就悬浮在大海之上，并在海面上洒下一道金色的光，我和周围的礁石、树木、建筑、远方的山峦、天空的飞鸟、三两只渔舟……整个的世界都沐浴在一片温暖、圣洁的光辉之中了……

俄国诗人巴尔蒙特在他的诗里写道：

> 我来到这个世界为的是看太阳，
> 和蔚蓝色的原野。
> 我来到这个世界为的是看太阳，
> 和连绵的群山。
> 我来到这个世界为的是看大海，

和百花盛开的峡谷。

……

我来到这个世界为的是看太阳，

而一旦天光熄灭，

我也仍将歌唱……我要歌颂太阳

直到人生的最后时光！

　　我不是诗人，我写不出优美的诗句。我只知道，当清晨第一缕阳光洒落，人的身体仿佛变成透明的，阳光可以照进每一个角落，驱走所有的杂质与污浊，留下一个干净的全新的自己。

　　在有限的生命里，我看过了泰山的日出、黄河入海口的日出、乳山银沙滩的日出、青岛灵山岛的日出、威海海驴岛的日出、福建霞浦的日出、海南三亚的日出、永兴岛的日出、南海的日出，还有太平洋、印度洋的日出……不同的地点，不同的时间，同一轮太阳，在我眼里都不一样。但比较下来，还是这家门口的日出最有滋味，不用奔波劳累，没有登高之苦，只是早起一会儿，还有比这更易得的乐趣么？

未来已来

刘邦华

　　校园里的房子还没有装修完，所以来西海岸校区工作后一直住在校外。所幸距离不远，4 公里左右，开车只需 5 分钟，骑行 10 分钟，步行 45 分钟左右也能到家。徒步时间长了些，如果没什么急事，天气又好，慢慢走、锻炼身体看看风景，似乎也不错。

　　一夜风狂，人老觉少。睁开眼，从窗户看见天边已经一抹微红，反正已经睡不着，索性早点儿起床，步行去单位。出门抬头看，那一抹红已经又浓了少许，像一个刚学着化妆的女人，试探着涂抹着唇彩。风小了，树都不抖了，静静地立着等太阳。马路上很安静，一辆车也没有，路过一条小河，河边有几条搁浅的小船，旁边的芦苇低下头，似乎在安慰它们。四分之三个月亮挂在天上，冰冰的，等着太阳出来把它融化。尖嘴巴、白翅膀的鸟跑到马路上溜达，留下一行模糊的足印。几只大鸟飞得很高，看不清，可能是大雁，也可能是别的，正在着急赶路去北方。一群野鸭子飞得很低，在海面上转圈，它们不用走，不知道是不是在校园里安家的那几只。这时候，女人唇彩大概是抹完了，手一抖，剩下一点顺手抹到了西边的山尖尖上，山竟妩媚了些。往东看，太阳从海面上，不，是云缝里跳了出来，红彤彤的，金轮乍涌，山衔海抱，如鲜花迸蕊、金龙吐珠……一个瞬间，把金灿灿的光慷慨地赠予这个世界，刚才微凉的身上立刻暖和了许多。学校门口很长的沙滩，弯弯的，被太阳照得泛出红的、黄的光。海水一次次涌上来、退下去，发出沙沙的声音，泛着碎金。扭过头，西山上的月亮，往山坳里慢慢坠下去，也许等不了多久，它会融化在天空上，化成一抹蓝，你看，比刚才，是不是淡了、薄了好多？

渔船都在海面上闲着，渔夫在岸上，站在背风处晒太阳。有皮筏子刚靠岸，渔民把两筐渔获搬到车上，我看了看，有一些细长的小鱼、透明的笔管，还有一只硕大的墨鱼，睁着大大的眼，泛着蓝色的光。

在餐厅吃完饭，一辆从崂山校区来的班车刚刚到达，老师们从车上下来，被海面上的阳光照得睁不开眼。在路上遇到几位老师，正在晨练。

办公室朝东，上班的时间，阳光满屋，海上一片迷蒙的光雾，明晃晃的有些耀眼，岛、船、海一概看不清楚。立于宽敞明亮的落地窗前，忽然想到来西海岸校区工作已经快两年，现在已经慢慢习惯了这边的生活节奏，也开始一天天喜欢上这背山面海的新校园，虽然好多地方还是空地，等待建设，但四季更迭、日新月异，可预期的未来让人心怀期待。

从参加工作到现在，与中国海洋大学结缘已近 30 年，开始在鱼山校区工作，住在浮山校区，后来全程见证崂山校区的诞生与成长，再到现在看着西海岸校区一天天由蓝图变为现实，在一个单位久了，难免不对它的未来系之念之，有时候也会去思考大学校园建设与发展的内在逻辑。西海岸校区整体的设计理念是从山到海、从历史到未来的过渡，既表示对历史的尊重与继承，又充满对未来的憧憬与远瞩，三沙路以西建筑风格庄重典雅，借鉴了海大历史建筑的风格与元素，三沙路以东则宏伟大气，处处体现简洁明快的未来感。在整理西海岸校区建设影像资料的过程中，不禁让人感慨这里日新月异的变化。仅仅几年前，这里还是一片沉寂的土地，而现在，一条条道路、一座座楼宇、路上充满朝气的学子、夜晚灯火通明的实验室，新校园、新起点、新高度、新形象、新事业……一切都是崭新的，催人奋进！

最近有句话很火，叫作"未来已来"。这个"未来"具体指什么我不知道，我只知道未来是在过去和现在的基础上，慢慢成长壮大，蜕变化蝶；未来是与此有关的人坚定目标、坚持不懈地一点点干出来的；未来是靠大家心往一处想、劲儿往一处使，团结实干、战胜困难，从荆棘和泥泞里蹚出来的。未来来了，仍只是迈出了通往美好愿景的第一步，将来到底会是什么样子，还需要与此有关的人继续按既定的方针办、以创新的精神干，一点一点给未来绘上眉眼、接上筋骨、续上气血，让她从想象中或字眼上的"未来"，变成鲜活的、青春的、朝气蓬勃、实实在在的"已来"。西海岸校区，就是中国海大的未来，她到底会是什么样子，最终还是要靠我们每一个人用心、用脑、用手一点点建设起来——这也是每一位中国海大人的未来。

走在柔软的沙滩上，沐浴着清澈的阳光，看海上"水何澹澹，山岛竦峙"的壮丽美景，再看看风华初绽的世纪校园，畅想着将来新校区完全建成后，我们的师生不仅可以利用靠海的便利开展教学和科研，我们的大学也有了全新的发展平台和空间：让大海成为中国海大的一部分，让中国海大与大海相依相伴、相互成就——这美好的"未来"，已然触手可及。

晨光初照听海苑

校园之晨组照

未来已来

后记

这是一本以图为主、讲述校园的书。

2024 年 2 月底寒假期间，青岛有一次降雪天气过程，雪量大，时间长，对于少雪的青岛是非常难得的。时值假期，师生都没有返校，考虑到雪后可以拍到理想的校园雪景照片，因此下雪期间编者先后赶赴四个校区进行拍摄。幸运的是，在鱼山校区、浮山校区和崂山校区都拍摄到了理想的影像，加上以前多年的积累，图片资料已经非常丰富。而西海岸校区由于启用不久，资料最为缺乏，所以迫切需要拍摄到西海岸校区的雪景图片。然而天不遂人愿，虽然西海岸校区与其他三个校区相隔不过区区几十公里，天气预报也显示会有较强的降雪天气，但编者辗转赶到西海岸校区，等了两天时间，最终还是一无所获。当其他校区雪花纷飞的时候，西海岸先后下了雨、霰、雾、冻雨等，就是没有下雪，两天的守候徒劳无功，缺失雪后的西海岸校园图片成了本书一个小小的遗憾。

校园是一所大学事业发展的物理空间和物质载体。1924 年建校以来，中国海洋大学先后拥有和建设了鱼山、浮山、崂山和西海岸四座校园，每座校园的建设与发展都是学校事业发展的重要组成部分，也见证和承载着学校在不同历史时期发展的足迹和取得的成就。同时，校园里的每一条道路、每一座建筑，甚至每一棵花草树木，也都寄托着一代代中国海大人的青春岁月和海大情怀。因此，在中国海洋大学建校 100 周年之际，以图文结合的形式呈现学校校园风貌的变迁，有助于从一个特定角度回顾学校历史，厘清校园文脉，重温上下百年的接续奋斗与勠力求索，聆听一个世纪的铿锵足音与不辍弦歌。本书的编辑工作于 2023 年初启动，而系统的资料整理则开始于 2020 年前后。在收集了大量关于校园建设的历史资料的基础上，编者结合多年来日常工作中拍摄积累的校园风貌的图片，形成了基础数据库。在资料整理过程中，又根据需要进行了有针对性的补充，特别是西海岸校区的图片，除了反映建设过程的资料之外，其他大部分是在近一年的时间里拍摄的。全书共收录图片近 400 幅，每个校区的图片编排在体例上分为两个部分，一部分以时间为序，梳理校区建设发展的主要过程；第二部分主要展示校区风貌，包括主要建筑、校园景观等。近 400 幅图片中，除各校区建设过程的史料图片外，其余绝大部分是近几年拍摄完成的，有很多都是第一次公开发表，是学校各个校区典型风貌的集中呈现，既有史料价值，也有一定的艺术欣赏价值。

如果说本书中的图片是"他人"眼中的校园，那么文字则是"我"心中的校园。为了让本书的内容更丰富，更有代表性和可读性，除图片之外，编写组汇集了书写于不同年代的关于校园的文字，以师生校友文章为主，兼有大师美文，同时在师生和校友中征集稿件。这些文稿或写大学生活，或绘校园美景，或抒书生意气，或发青春悠思……形成了与图片并存的两个语境，一个客观写实，一个主观写意。编者希望不同年代曾在中国海大校园里生活过的读者，能从某段文字中找到自己的影子，过去与现在交汇，并由此忆及曾在校园里的种种，如此将是一件美妙且温暖的事情，也是编者所期望的结果。限于篇幅并为了表述上的统一，部分内容有删改。在资料整理过程中，卢荟、宋斌强、武光羽、贾鹏辉、马鑫、达娃潘多、孜拉吉古丽·艾尼等同学承担了大量的文字整理与录入工作，再次一并表示感谢。

每一个中国海大人眼中、心中、梦中的海大园都是独特和不可替代的。书中所拍和所写的校园仅仅是提供了一种观察的视角和思考的维度，呈现的也仅仅是这所大学校园在斗转星移中的一个瞬间、一处角落，更多更美好的海大园景色、海大园故事，需要也等待着每一个中国海大人去描绘，去讲述。

限于编者的水平，书中肯定会有错漏、谬误之处，敬请读者谅解并批评指正。

编　者

2024 年 4 月 28 日